Brunhilde & Jürgen Blunck

Spät gefunden, reich beschenkt

Den Reichtum des Glaubens entdecken

SCM

Stiftung Christliche Medien

Die Bibelverse sind, soweit nicht anders angegeben, folgender Übersetzung entnommen:
Lutherbibel, revidierter Text 1984, durchgesehene Ausgabe in neuer Rechtschreibung, © 1999 Deutsche Bibelgesellschaft, Stuttgart

Außerdem wurden folgende Bibelübersetzungen verwendet:

Gute Nachricht Bibel, revidierte Fassung, durchgesehene Ausgabe in neuer Rechtschreibung, © 2000 Deutsche Bibelgesellschaft, Stuttgart (GNB)

Hoffnung für alle, Copyright © 1963/1996/2002 by International Bible Society ®. Verwendet mit freundlicher Genehmigung des Verlages. (HFA)

Gesamtgestaltung: Miriam Gamper, www.dko-design.de
Druck: Druckerei Theiss, Österreich – www.theiss.at
ISBN: 978-3-417-26273-5
Bestell-Nr. 226.273

Inhalt

Wenn man zurückschaut ...

„Was hat's gebracht?" So fragen die ersten bereits mit 50 Jahren, wenn sie auf ihr Leben zurückblicken. Und ab 60 oder 65 denkt fast jeder darüber nach: „Was hat's gebracht?"

Diese Frage hat natürlich eine materielle Seite, ob das Alter ausreichend gesichert ist. Doch daneben gibt es eine immaterielle Seite: „Habe ich mein Leben inhaltlich genug gefüllt? Habe ich ein ‚erfülltes Leben' gehabt? Welche Wünsche und Pläne habe ich noch, wenn das auf Geldverdienst ausgerichtete Arbeitsleben beendet ist?"

Diese Frage ist heute brennender als bei früheren Generationen. Denn wir werden nicht nur älter, sondern wir sind auch erheblich rüstiger als die Menschen früherer Jahrhunderte. Im Jahr 2007 hat Bundespräsident Horst Köhler über 5200 Menschen zum 100. Geburtstag und über 430 zum 105. Geburtstag gratuliert. Die älteste noch aktive Schriftstellerin der Welt ist eine Deutsche. Ilse Pohl ist 101 Jahre alt (Jahrgang 1907) und hält noch öffentliche Lesungen. Der Schauspieler und Sänger

„Habe ich mein Leben inhaltlich genug gefüllt? Habe ich ein ‚erfülltes Leben' gehabt?"

Johannes Heesters ist auch noch mit 105 Jahren aktiv. Zugegeben, ein solch hohes rüstiges Alter ist nur wenigen vergönnt.

Bei diesen Gedanken über unser Leben kommen wir nur schwer um die Frage nach Gott herum: „Was hat mein Leben mit Gott zu tun? Was hat sich der Schöpfer dabei gedacht, als er mir dieses Leben schenkte?"

Im Laufe unseres Lebens begegneten uns viele Menschen, deren Leben erst in späteren Jahren noch ganz neu durch den Glauben an Jesus Christus erfüllt wurde. Sie erlebten nicht nur eine tiefgehende Bereicherung ihres Lebens, sondern waren auch überzeugt, dass ihr Leben jetzt

„Für den Sohn beginnt ein ganz neues, mit Frieden und Geborgenheit erfülltes Leben."

erst zu seinem eigentlichen Ziel gelangt sei. Nicht, dass alles andere vorher nichts gewesen wäre, doch diese neue Begegnung mit Gott in späten Jahren erfuhren sie sozusagen wie das Einlaufen eines Schiffes nach ereignisreicher Sturmfahrt in den heimatlichen Hafen. Oder sagen wir es mit dem berühmten biblischen Beispiel: Es erging ihnen wie dem verlorenen Sohn im Gleichnis Jesu. Der kehrt nach Hause zurück und kommt

aus dem Staunen nicht mehr heraus. Er wird von seinem Vater nicht mit Vorwürfen, sondern mit Freude empfangen. Damit hatte der Sohn nicht gerechnet. Für ihn beginnt ein ganz neues, mit Frieden und Geborgenheit erfulltes Leben.

Für dieses Büchlein haben wir eine Reihe solcher Berichte des Nach-Hause-Kommens gesammelt. Es sind Berichte von Menschen über 50, manche von ihnen sind auch schon über 70 Jahre alt. Einige von ihnen haben ihre Glaubensgeschichte selbst aufgeschrieben, andere haben sie uns erzählt. Wir danken allen, die so am Entstehen dieses Buches beteiligt waren und andere Menschen an ihrer späten Entdeckung teilnehmen lassen.

Ein neuer Anfang –
ist das noch möglich?

Ich dachte, mein Leben wäre in Ordnung

Die Kirche hat jahrzehntelang keine praktische Rolle in meinem Leben gespielt. Zwar fand ich als Kind die biblischen Geschichten immer interessant, auch die Lieder im Konfirmandenunterricht lernte ich leicht. Bei der Prüfung vor der Gemeinde blieb ich keine Antwort schuldig.
Doch dann kam es ganz anders. Etwa ein Jahr nach meiner Konfirmation begann das Wirtschaftswunder in Deutschland. Der zunehmende

Wohlstand lenkte all mein Sinnen und Trachten in eine andere Richtung. Beruflich kam ich als Bauingenieur gut voran. Mit meiner Frau und meinen zwei Söhnen war ich glücklich. Auch im Sport stellte sich der Erfolg ein. So glaubte ich, alle Ziele der Welt erreicht zu haben.

Dieses Denken war mein größter Irrtum. Heute weiß ich, dass Gott mich durch die Jahre hinweg auf Schritt und Tritt im Blick hatte. Kein Mensch auf Erden ist ihm gleichgültig. Also auch ich nicht. Mich hat er auf eine ganz besondere Art und Weise geweckt und zu sich gerufen.

Mit 48 Jahren landete ich urplötzlich mit einer schweren Lungenembolie auf der Intensivstation eines Krankenhauses. Lange Zeit war ich kaum ansprechbar, nahm auch andere Menschen nicht richtig wahr. Eines Tages, als ich langsam wieder etwas klarer denken konnte, näherte sich meinem Bett ein mir zunächst unbekannter Herr. Er begrüßte mich freundlich und fragte höflich, ob er mir etwas aus der Bibel vorlesen dürfe. Zuerst war ich sehr erstaunt, doch dann willigte ich ein. Ich hörte Worte aus dem Neuen Testament. Anschließend erklärte er mir kurz, was das Gelesene für mich bedeutete. Er scheute sich dabei nicht, mich darauf aufmerksam zu machen, dass jeder Mensch – also auch ich – eines Tages vor seinen Schöpfer hintreten müsse, um Rechenschaft abzulegen über sein Leben.

„Da brauchen wir einen guten Rechtsanwalt", sagte er mir. Und dann wies er mich auf Jesus hin, der für unsere Schuld ans Kreuz gegangen ist und nun unser „Anwalt" bei Gott sein will – wenn wir uns ehrlich an ihn wenden. Mit einem Gebet und dem Vaterunser schloss er seinen Besuch. Nachdenklich ließ er mich zurück.

Wie ich später erfuhr, war dieser Mann ein Berufsschullehrer, der selber einige Monate im Krankenhaus verbracht hatte und während dieser Zeit sehr einen Seelsorger vermisst hatte. So hatte er, als er wieder gesund und im Dienst war, in eigener Initiative beschlossen, jeden Samstag die kranken Mitglieder seiner Kirchengemeinde im Krankenhaus zu besuchen.

Dieser engagierte Christ wurde nun mein regelmäßiger Besucher, nicht nur samstags. Durch das Lesen in der Bibel, durch seine verständlichen Erklärungen, seine Mut machenden persönlichen Gebete mit dem abschließenden Vaterunser und durch sein ganzes brüderliches Auftreten brachte er mir neue Hoffnung, Zufriedenheit und Kraft. Mein Leben bekam nach und nach einen neuen Sinn. Hoffnung auf eine gute Zukunft kehrte bei mir ein. Ich begann ganz langsam, selber in der Bibel zu lesen.

Der Grundstein für einen neuen, lebendigen Glauben war gelegt. Es war für mich ein Wunder, als ich nach verhältnismäßig langer Zeit das Krankenhaus wieder verlassen konnte. Noch etwas wackelig auf den Beinen begann ich mein (in doppelter Hinsicht) neues Leben. Der in mir wachsende Glaube gab die nötige Kraft.

Gott hatte auch in meiner örtlichen Kirchengemeinde für mich vorgesorgt. Ein neuer Pfarrer begann seinen Dienst. Durch seine Predigten und sein Auftreten hat er der biblischen Botschaft in mir einen neuen, nicht mehr wegzudenkenden Platz verschafft. Mein Leben sollte fortan Jesus Christus gehören!

Schon bald konnte ich mich auch mit meinen beruflichen Fähigkeiten ehrenamtlich in den Dienst der Gemeinde einbringen. Mein sportliches Hobby trat von nun an ein wenig in den Hintergrund.

Ich legte den Vorsitz in einem großen Fußball-verein nieder. (Übrigens übernahm ich ihn Jahre später als Rentner aufs Neue.) Ich wollte Jesus auch ganz praktisch danken. Also veränderte sich meine bisherige Zeitplanung, damit ich Zeit hatte für Aufgaben in der Gemeinde.

Schon zwei Jahre bevor ich mit 65 in Rente ging, sah ich mich nach weiteren Möglichkeiten um, wie ich Jesus meinen Dank für sein wunder-bares Eingreifen ausdrücken konnte. So kam ich zu den „Gideons", einer Gruppe von Christen, die das Neue Testament in Schulen, Hotels und Krankenhäusern verteilen und dabei bezeugen, was Jesus in ihrem Leben und für uns alle getan hat.

Eines Tages kam eine Anfrage aus einem Ge-fängnis, ob wir Gideons dort sonntags eine Art Bibelstunde mit den Untersuchungshäftlingen halten könnten. Seit der Zeit bin ich jeden zwei-ten Sonntag „im Knast", wie meine Freunde im-mer sagen. Dort gibt es rege Gespräche über der aufgeschlagenen Bibel. Es ist meine größte Freu-de, wenn ich ab und zu erleben darf, wie Gott einem der Häftlinge neuen Mut ins Herz gibt. Mut, dass auch sein Leben noch einmal neu be-ginnen darf im Vertrauen auf die helfende Kraft Jesu. Wie reich ist doch mein Leben geworden!

Rolf Grotjohann

Endlich Vergebung erleben

Ich wuchs während des Zweiten Weltkrieges auf. Meine Eltern vertrauten nur sich selbst und dem Führer Adolf Hitler. All ihre Hoffnung setzten sie auf den Endsieg der Deutschen. Aus der Kirche waren sie ausgetreten.

Als das Dritte Reich zusammenbrach, war meine Mutter ziemlich verzweifelt. Im Krieg wurde unsere Wohnung zerbombt. Nahe Angehörige waren gestorben. Von meinem Vater hatten wir keine Nachricht. Meine Mutter hatte allen Lebensmut verloren. Doch Jesus begegnete der Trostlosigkeit in unserer Familie, als ich mit elf Jahren zum lebendigen Glauben fand. Ich konnte über dieses Wunder nur staunen. Jetzt hatte ich in Jesus einen starken Freund, dem ich allen Kummer anvertrauen konnte.

Wir freuten uns sehr, als wir schließlich hörten, dass mein Vater noch lebte und sich in Kriegsgefangenschaft befand. Mit ihm hatte ich mich immer sehr gut verstanden. Dass er in den langen Kriegsjahren stets nur kurz im Urlaub bei uns gewesen war, bedauerte ich sehr. Ich bat Jesus um seine Heimkehr, musste allerdings noch fast vier Jahre darauf warten. In dieser Zeit wurde ich Mitarbeiterin in der Kirchengemeinde. Es machte mir Freude, Kindern von Jesus zu erzählen. Meiner Mutter gefiel das gar nicht.

Als mein Vater krank und innerlich zerbrochen endlich nach Hause kam, war er mir fremd geworden. Er schüttelte über seine fromm gewordene Tochter nur den Kopf. Das machte mich traurig. Vater versuchte, seine Arbeit wieder aufzunehmen, musste aber oft zu Hause bleiben, weil er zu schwach war. Dann wälzte er sich unruhig auf seinem Bett hin und her. Auch das machte mir Kummer. Ich setzte mich manchmal zu ihm und fragte nach dem Grund seiner Unruhe. Vater schwieg und seufzte nur.

Eines Tages fragte ich ihn, ob ich ihm ein Trostlied aus der Bibel vorlesen dürfe. Er bat um Bedenkzeit und erlaubte es vier Wochen später. Jeden

14

Sonntag las ich von da an meinem Vater eine halbe Stunde aus dem Buch der Psalmen vor, in dem viele Menschen ihre Verzweiflung und Not, aber auch ihre Freude und Dankbarkeit vor Gott ausdrücken. Er hörte zu und bat mich oft darum, das Gelesene noch einmal zu wiederholen.

Nach einigen Monaten sagte er: „Die Menschen in der Bibel können mit Gottes Hilfe rechnen, ich kann das nicht. Im Krieg ist so viel Böses passiert, das ich nie wiedergutmachen kann. Auch Gott kann das nicht mehr ändern." Als sechzehnjährige Tochter fand ich es zu schwierig, mit meinem Vater über Schuld und Vergebung zu reden. Ich bat Jesus, dass er doch

„Jetzt hatte ich in Jesus einen starken Freund, dem ich allen Kummer anvertrauen konnte."

noch einmal ein Wunder in unserer Familie tun möge. An einem der nächsten Sonntage fragte ich meinen Vater, ob er vielleicht mit dem Pfarrer unserer Gemeinde reden wolle. Mein Vater begann zu weinen. Dann sagte er: „Du kannst ja mal fragen, ob er auch zu Menschen kommt, die gar nicht zur Kirche gehören."

Natürlich kam der Pfarrer gern. Er besuchte meinen Vater mehrere Male. Und wieder war es ein Sonntag, als mein Vater sich im Bett aufrichtete und sagte: „Ich danke dir, du warst der Türöffner zum Land der Freiheit. Jesus hat mir alle meine Schuld vergeben. Ich muss jetzt nicht mehr ständig an all das Böse denken, das ich getan habe. Ich danke Jesus, dass er die Last von mir genommen hat. Wie gut, dass ich am Ende meines Leben noch gelernt habe, Jesus zu vertrauen. Ich danke ihm auch, dass er mir eine fromme Tochter geschenkt hat."

Mein geliebter Vater war noch einige Jahre bei uns, äußerlich schwach und krank, aber man merkte, dass die Hinwendung zu Jesus ihn veränderte und froh und dankbar gemacht hatte. Mit 60 Jahren wurde er schließlich heimgerufen.

Brunhilde Blunck

Ich kann so kommen, wie ich bin!

Bei der Taufe meiner beiden Enkelinnen war ich in der Kirche gewesen. Aber sonst hielt ich nichts vom Glauben und Jesus. Schließlich gehörte ich zu keiner Gemeinde und hatte auch nicht die Absicht, jemals etwas mit der Kirche zu tun zu haben. Umso mehr war ich überrascht, dass meine Tochter sich durch die Taufe ihrer Kinder mehr und mehr der Kirche zuwandte – so nannte ich das damals. Schließlich wurde sie sogar

ehrenamtliche Mitarbeiterin. „Na ja", dachte ich, „es ist ja ihr Leben. Wenn es ihr gefällt ..."

1993 fand in der größten Halle unserer Stadt eine Woche lang die christliche Großveranstaltung „ProChrist" mit Billy Graham, einem weltbekannten Prediger, statt. Selbstverständlich war meine Tochter als Mitarbeiterin dabei. Am letzten Abend bat sie mich darum, auf ihre Kinder aufzupassen, weil auch ihr Ehemann an dem Abend teilnehmen wollte. Natürlich sagte ich zu. Ich freute mich schon auf den Abend mit meinen Enkelkindern. Als ich bei ihr ankam, teilte meine Tochter mir jedoch erfreut mit, dass sie für diesen Abend einen anderen Babysitter gefunden hätte. So könnte ich ja auch mal mitkommen zu „ProChrist".

Eigentlich wollte ich nicht. Aber meine Tochter ließ nicht locker. So ging ich hin. Niemals hätte ich gedacht, dass dieser Abend mein Leben völlig verändern würde. Da war die Botschaft von Jesus, dem Sohn Gottes, der sein Leben für uns Menschen – also auch für mich – dahingegeben hat, damit wir ein neues, von ihm erfülltes, reiches Leben haben können. Die Worte waren einfach und klar und überzeugend. Sie eröffneten mir eine Perspektive, die ich bisher nie wahrgenommen hatte. Sie faszinierten mich. Und dann kam der Aufruf von Billy Graham, sein Leben Jesus Christus zu übergeben. Dazu wurde folgendes Lied von Manfred Siebald gesungen:

Jesus, zu dir kann ich so kommen, wie ich bin.

Du hast gesagt, dass jeder kommen darf.

Ich muss dir nicht erst beweisen,

dass ich besser werden kann.

Was mich besser macht vor dir,

das hast du längst am Kreuz getan.

Und weil du mein Zögern siehst,

streckst du mir deine Hände hin

und ich kann so zu dir kommen, wie ich bin.

Als ich diese Worte – „Jesus, zu dir kann ich so kommen, wie ich bin ..." – hörte, habe ich mich persönlich angesprochen gefühlt. Da bin ich aufgestanden und nach vorne gegangen. Damals war ich 57 Jahre alt.

Nach ein paar Tagen bekam ich Post und wurde in eine Gemeinde ganz in meiner Nähe eingeladen. Ich entschied mich hinzugehen und wurde freundlich aufgenommen und habe viele liebe Menschen kennengelernt. Ich habe dort meinen Platz gefunden. Langsam wuchs mein noch so junger Glaube. Heute kann ich mir ein Leben ohne diese Menschen, ohne Gottesdienst, ohne unseren Hauskreis, ohne Mitarbeit in der Gemeinde und natürlich ohne Jesus nicht mehr vorstellen.

Inzwischen sind 15 Jahre vergangen und ich habe keinen einzigen Tag bereut, an dem ich mit Jesus durchs Leben gegangen bin. Ich bin Gott ewig dankbar, dass er mir – gegen meinen Willen! – auf diese Weise begegnet ist. Mein größter Wunsch ist, dass noch viele Menschen Gott begegnen, sie Frieden in ihrem Herzen finden und sie diesen kaum zu begreifenden Reichtum in Jesus Christus entdecken.

Wie ist das möglich, wenn nicht gerade so eine einladende Großveranstaltung stattfindet? Man kann einfach einmal dorthin gehen, wo Christen sich treffen. Vielleicht in einen Gottesdienst oder in eine kleine Gruppe in einem Privathaus, wo Christen miteinander die Bibel lesen und sich darüber austauschen.

Irene Rütte

Ich habe viele Fragen ...

Herr B. war schon früh aus der Kirche ausgetreten und bezeichnete sich selbst als überzeugten Atheisten. Den Zweiten Weltkrieg hatte er aktiv miterlebt. Das hatte ihn nur in seiner Überzeugung bestärkt. Wo sollte denn da ein Gott existieren?

Ich lernte Herrn B. kennen, als seine Tochter zu mir in den Konfirmandenunterricht kam. Meine Versuche, die Eltern während dieser Zeit zum Gottesdienstbesuch mit ihrer Tochter zu bewegen, schlugen alle fehl. Sie waren zwar sehr freundlich zu mir (wie ich ja auch zu ihnen), aber sie hielten eben nichts von der Kirche und dem Glauben an Jesus, besonders der Vater. Dass seine Tochter zum kirchlichen Unterricht kam, war jedenfalls nicht seine Idee. Doch er war tolerant. Er ließ seine Tochter gewähren. Dieses Mädchen fand schließlich zum Glauben an Jesus Christus und engagierte sich nach der Konfirmation eifrig in der Jugendarbeit.

Zwei Jahre später kam die jüngere Schwester zum Unterricht. Auch sie kam zum Glauben und betätigte sich ebenfalls mit Freude in der Gemeinde. Doch die beiden Mädchen redeten auch zu Hause von ihrem Glauben. Sie waren erfüllt von dem, was sie in der Bibel lasen. Sie versuchten, je älter sie wurden, auch ihren Vater

in den Gottesdienst mitzubringen. Ohne Erfolg. Doch da der Vater ein sehr gutes Verhältnis zu seinen Töchtern hatte, machten ihn diese Versuche etwas nachdenklich. Das Leben seiner beiden Mädchen war offensichtlich sehr erfüllt.

Eines Tages erschien Herr B. in dem größeren biblischen Gesprächskreis, der wöchentlich in unserer Gemeinde stattfand. Der Gottesdienst war nichts für ihn, weil man dort zuhören musste und nicht reden durfte. Hier jedoch war ein reges Gespräch im Gange und er konnte nachfragen. Er kam zwar nicht jede Woche, aber immer, wenn er da war, stellte er Fragen. Diese begannen alle mit den Worten: „Ich glaube ja nicht an Gott, aber ich frage mich ..."

Geduldig gingen wir auf ihn ein. Umgekehrt hörte auch er interessiert bei den Fragen der anderen zu.

„Wo sollte denn da ein Gott existieren?"

Es vergingen mehrere Jahre, während derer wir auch manches persönliche Gespräch hatten. Seine Ablehnung und Abwehr schmolzen mehr und mehr. Aber immer noch begann er stets mit den Worten: „Ich glaube ja nicht an Gott, aber warum ... oder wie ...?" Er war schließlich um die 60 Jahre alt, als er mir sagte: „Ich bin nun überzeugt; ab jetzt will ich auch Christ sein und Jesus nachfolgen."

Seine Töchter studierten längst, aber an ihnen hatte er gesehen, was es bedeutete, bewusst mit Jesus zu leben. Nun kam Herr B. jeden Sonntag mit Freude zum Gottesdienst. Natürlich wollte er jetzt auch in die Kirche eintreten. Sein Gesicht strahlte, dass Gott ihm im Alter noch etwas ganz Neues geschenkt hatte. Er arbeitete gern mit in der Gemeinde. Einige Jahre später – ich war mittlerweile in einer anderen Stadt als Pfarrer tätig – hörte ich, dass er sich sogar noch ins Presbyterium, also die Kirchengemeindeleitung, hatte wählen lassen. Er wollte auch an dieser Stelle mitarbeiten und Gott danken, der ihm einen solchen Reichtum im Alter geschenkt hatte.

Jahre später erlebte ich diesen Wandel ähnlich radikal bei einem Journalisten. Im Alter von 60 Jahren wurde seine berufliche Karriere abrupt beendet. Arbeitslos. Seine Ehe ging in die Brüche. Wir lernten uns kennen, als er in unser Gemeindegebiet zog. Als Neuzugezogenen besuchte ich ihn. Er schien ein zerbrochener Mann zu sein. Kontakte zur Kirche hatte er bisher nicht gehabt. Doch dann entdeckte er die befreiende Botschaft, dass Jesus Sünde vergibt. Er staunte und konnte neu aufatmen. Er musste nicht mehr an seiner Schuld und seiner Einsamkeit verzweifeln. Ich erlebte, wie er von Monat zu Monat mehr aufblühte. Er war immer noch arbeitslos. Seine Ehe

22

war immer noch geschieden. Er hatte auch keine neue Partnerin. Doch er konnte wieder strahlen. Dass Jesus Frieden, tiefen inneren Frieden und Geborgenheit schenkt, erlebte er an sich selbst. In unserer Gemeinde und in einem unserer Hausbibelkreise wurde er herzlich aufgenommen. Gern stellte er seine Begabungen der Gemeinde zur Verfügung. Was Gott ihm geschenkt hatte, wollte er an andere weitergeben. Unsere Gemeindebrief-Redaktion freute sich besonders über seine Mitarbeit.

Jürgen Blunck

Gott war mir in weite Ferne gerückt

Ich war 57 Jahre alt, gerade frisch aus dem Berufsleben ausgeschieden. Ich spürte eine gewisse Leere in mir. Sollte das jetzt schon alles in meinem Leben gewesen sein? Ich suchte nach einer neuen Aufgabe.

Im Jahr 2003 lud mich jemand zu der christlichen Großveranstaltung „ProChrist" ein. Das war für mich ein besonderes Erlebnis. Ich machte mir zum ersten Mal wieder Gedanken über den Glauben.

Endlos viele Jahre war mir Gott nicht so wichtig erschienen. Es ging mir ja wirklich gut, ich hatte keine Probleme. In meiner Kindheit wurde ich zwar im christlichen Glauben erzogen, doch dann war mir Gott in weite Ferne gerückt.

Bei der schon genannten Veranstaltung beeindruckte mich das Lied „Jesus, zu dir kann ich so kommen, wie ich bin". Das war für mich der Einstieg, mich wieder neu mit Gott zu beschäftigen. Was für eine Aussage im Lied! Ich darf trotz vieler Jahrzehnte, in denen ich Gott nicht beachtet habe, nun wieder dabei sein – einfach toll!

Ich lernte dann eine Gemeinde kennen. Ganz vorsichtig und mit viel Skepsis tastete ich mich heran und merkte bald, wie schön es ist, mit anderen Christen zusammen zu sein. Hier war alles so locker und freundlich, ich fühlte mich richtig wohl. Es begann mit einem Gesprächskreis, zu dem ich im Anschluss an die „ProChrist"-Abende eingeladen wurde. Dort wurde mir erst richtig deutlich, worum es beim Glauben an Jesus Christus geht. Anschließend wechselte ich in einen Hausbibelkreis, in dem ich noch heute bin. Die Menschen dort wurden mir immer mehr zu Freunden. Das gemeinsame Lesen in der Bibel und der Austausch darüber taten mir gut.

Zunächst reichte mir das. Mit der Kirche an sich hatte ich nichts am Hut. Zwar erzählten die anderen Teilnehmer des Hauskreises von den Gottesdiensten und den Predigten – aber ich scheute mich, dorthin zu gehen. Bis – ja, bis ich eines Tages zugesagt hatte, einen Kuchen für ein Gemeindefest zu backen. Den Kuchen zum Gottesdienst in die Kirche zu bringen und dann wieder nach Hause zu gehen – das mochte ich nun auch wieder nicht. Also blieb ich zum Gottesdienst. Und ich kam wieder, mindestens alle 14 Tage. Denn schon bald bat mich jemand, nach dem Gottesdienst am Büchertisch mitzuhelfen.

Ja, Jesus hat wirklich eine herrliche Geschichte geschrieben in meinem Leben. Und er schreibt weiter.

Ja, Jesus hat wirklich eine herrliche Geschichte geschrieben in meinem Leben. Und er schreibt weiter.

Mittlerweile sitzt auch mein Mann häufig neben mir im Gottesdienst. (Wie es dazu kam? Eine andere schöne Geschichte ...) Neuerdings leite ich mit Begeisterung auch den Seniorenkreis der Gemeinde.

Heute weiß ich, dass Gott schon immer bei mir war und mich gerufen hat – ich habe es nur lange nicht wahrgenommen. Umso erfüllter und dankbarer bin ich, dass Gott mich damals bei „ProChrist" 2003 berührt hat.

Ursula Wallschus

Kann ich jetzt noch mit dem Glauben anfangen?

Man hatte mich als Predigerin in eine Gemeinde eingeladen. Vor der Tür des Gemeindehauses standen einige Besucher. Ich begrüßte sie und freute mich, als eine Frau mir erzählte, dass ihre Mutter sie zum dritten Mal in den Gottesdienst begleitete. „Ich hoffe und bete, dass sie auch zum Glauben an Jesus findet. Leider ist sie bisher noch ganz ablehnend."

Wenig später begegnete ich auch der Mutter. Sie stand im Foyer und trank einen Kaffee. „Der tut gut", sagte sie, „aber ich gehöre nicht zu dieser Gemeinde. Ich bin nur der Tochter zuliebe hier. Von dem ganzen Predigen halte ich nicht so viel."

Die Frau hatte ja keine Ahnung, dass ich gleich die Predigt halten würde ... Der Gottesdienst begann. Ich nutzte die Zeit einer Bildmeditation, um für die Frau zu beten. Ich traute Jesus zu, dass er die Wand der Ablehnung durchbrechen könnte.

Schließlich war der Gottesdienst zu Ende. Einige Leute verwickelten mich noch kurz in ein Gespräch über die Predigt. Plötzlich sah ich die Frau aus dem Foyer. Sie stand etwas abseits und weinte. Es dauerte einen Moment, bis ich frei war und zu ihr gehen konnte. Sie schaute mich an und sagte: „Es waren Ihre Worte über das Beten, die mich aufhorchen ließen. Meine Mutter war es, die uns Kindern immer wieder sagte: ‚Was auch geschieht, ihr könnt beten. Der Vater im Himmel hört und handelt. Beten verändert alles – die Situation und auch eure eigene Einschätzung. Vergesst das Beten nicht!' Aber ich hab's mein ganzes Leben lang doch vergessen. Jetzt bin ich über 60. Kann ich denn jetzt noch damit anfangen?"

Wir hatten noch ein kurzes Gespräch miteinander. Ich machte der Frau Mut, mit dem Vater im Himmel zu reden, so wie es die Mutter ihr vor vielen Jahrzehnten geraten hatte.

„Ich will's tun", sagte sie und fasste nach meiner Hand. „Darf ich Ihnen versprechen, dass ich ab heute mit Gott reden werde?"

Ich drückte die Hand der Frau ganz fest und sagte: „Der Vater hat schon lange darauf gewartet, dass Sie zu ihm kommen. Er hört und handelt, wie Ihre Mutter es Ihnen gesagt hat. Und er freut sich, wenn Sie jetzt mit dem Beten anfangen. Es ist nie zu spät dazu."

Ist es nicht großartig, dass Gott uns erlaubt, ihn alle Zeit anzurufen? Wir haben seine Zusage: Er hört uns zu und ist bereit, in unser Leben handelnd einzugreifen. In der Bibel steht: Rufe mich an in der Not, so will ich dich erretten und du sollst mich preisen (Psalm 50,15). Sicher hatte ihre Mutter schon für die Tochter gebetet und damit gerechnet, dass Gott sie eines Tages zum Glauben führt.

Ein erster Schritt auf dem Glaubensweg kann ein Gebet wie das folgende sein:

Jesus, ich kann es erst langsam fassen,

dass du lebst und wirklich auch für mich da bist.

Ich danke dir für dieses unbegreifliche Geschenk.

Ich komme jetzt zu dir mit all dem,

was in meinem Leben verkehrt gelaufen ist.

Ich bitte dich: Vergib mir meine Schuld!

Ich möchte gern von nun an ganz zu dir gehören.

Ich will dir mit allem, was ich bin und habe,

vertrauen und zur Verfügung stehen.

Mache aus meinem Leben etwas zu deiner Ehre!

Amen.

Brunhilde Blunck

Was die Bibel dazu sagt:

Ich möchte heute dein Gast sein.
Lukas 19,5; HFA

Jesus hat sich nicht gescheut, die Menschen an das Ende ihres Lebens zu erinnern. Vielleicht kennen Sie seine Geschichte von dem Bauern, der ein Wirtschaftswunder erlebte – ähnlich wie wir Deutschen in den Jahrzehnten nach dem Zweiten Weltkrieg. Doch dann erzählt Jesus weiter, dass Gott diesen Mann plötzlich aus diesem Leben abberuft und dabei sagt: „Wozu hilft dir nun dein ganzer Besitz? Du Narr, du hast nicht für den nötigen Reichtum bei Gott gesorgt!"
Jesus erzählt solche Geschichten, damit seine Zuhörer über ihr Leben nachdenken und sich neu orientieren. Leben ist mehr als Geld. Mehr als Arbeit und Vergnügen. Sogar mehr als Gesundheit. Und um dieses „Mehr" geht es Jesus. Dass dieses „Mehr" kein bloßer Traum ist, zeigen die Begegnungen mit Jesus, von denen die Bibel erzählt.
Da ist z.B. der wohlsituierte Zolleinnehmer Zachäus. Er hat viel Geld, doch eine Frage kann er nicht verdrängen: „Wie beurteilt Gott wohl mein Leben?" Ob Jesus darauf eine Antwort weiß? Zachäus macht sich auf den Weg zu ihm. Allerdings stößt er dabei auf Hindernisse. Da

sind so viele andere Menschen, die dem körper-
lich klein geratenen Zachäus den Weg versperren.
Doch Zachäus lässt sich durch nichts aufhalten.
Er will Jesus auf jeden Fall sehen. Daher klettert
er sogar auf einen Baum. Jesus sieht den Sehn-
süchtigen und ruft ihm zu: „Komm, ich möchte
heute dein Gast sein." Und Zachäus erlebt das
Wunder, dass er durch Jesus eine ganz neue
Gottesbeziehung erfährt. Sein Leben wird völlig
verändert und ungemein bereichert. Das merken
auch seine Freunde. Und es merken viele Arme,
denen der ehemals geldgierige Zachäus sich nun
zuwendet.

Oder da ist die Frau, die in ihrer verzweifelten Sehnsucht nach Liebe schuldig geworden ist und am Ende nicht mehr weiter weiß. Jesus aber schenkt ihr im Namen Gottes Vergebung, und ihr Leben kann noch einmal neu beginnen.

Auch gibt es da die Fischer, deren Denken nur noch um ihr oft so erfolgloses Arbeitsleben kreist. Jesus beruft sie zu seinen Mitarbeitern und ihr Leben gewinnt auf einmal völlig neue Dimensionen.

Die vielen Beispiele in diesem Büchlein zeigen, dass die Bibel kein vergangenes Buch ist. Menschen entdecken heute wie damals durch Jesus den Reichtum des Glaubens. Wir wollen auch Ihnen Mut machen, Jesus beim Wort zu nehmen. Er will und wird auch bei Ihnen neu Vertrauen zum himmlischen Vater wecken. Ihr Leben wird unendlich bereichert werden!

Ein neuer Anfang im Glauben ist nicht nur nötig, er ist – Gott sei Dank! – auch möglich. Was sollte Sie daran hindern?

Es wird nicht leichter ...

Loslassen müssen

Loslassen gehört zu jeder Lebensphase. In jungen Jahren freut man sich, das Leben zu erobern, seine Interessen auszuweiten und immer neue Erfahrungen zu sammeln. Wir wollen festhalten, was wir erkämpft haben: Besitz, Vermögen, Positionen, Ämter, Ansprüche und Träume. Und doch spürt jeder: Nicht nur Gewinn und Aktivität machen unser Leben aus. Auch Entsagung und Loslassen gehören dazu. „Segne unser Tun und Lassen", heißt es in einem unserer Choräle. Schon als Kind musste ich diese Lektion lernen. Ich erinnere mich noch an den ersten Advent 1939, als mein Vater plötzlich einberufen und an die Front geschickt wurde. Viele Männer haben damals loslassen müssen. Krieg bedeutete, Abschied zu nehmen voneinander und von dem, was man besaß. Den Daheimgebliebenen ging es in den Bombennächten nicht anders. Eines Tages lagen meine vielen Spielsachen unter den Trümmern unseres zerstörten Hauses. Wenige Monate später kam mein Vater durch eine Splitterverletzung ums Leben. Zuletzt war es meine Frau, die nach jahrelanger Krankheit keine Widerstandskraft mehr besaß, und deren Leben wie eine Kerze erlosch. Jedes Mal ging ein ganz besonderer und reicher Zeitabschnitt zu Ende. Loslassen gehört wohl zu einem lebenslangen Reifungsprozess.

Dieser Prozess beschleunigt sich im Alter noch. Manchmal mit einem unerwarteten Tempo. Meine Kräfte lassen nach, Krankheiten stellen sich ein, ich muss langsamer machen, langjährige Freunde sterben, es wird einsamer um mich. Der Lebensradius reduziert sich immer mehr.

Ich kann die letzten Monate meines Schwiegervaters nicht vergessen. Nach der Krankenhausbehandlung kam er auf die Pflegestation eines Altenheims. Er teilte das Zimmer mit einem Mann, der nicht ansprechbar war. Auf dem kleinen Tisch am Fenster lagen seine Habseligkeiten: die Bibel, ein paar Bücher, verschiedene Blätter mit irgendwelchen Notizen und ein paar Sachen zum täglichen Gebrauch. Eine lange Geschichte des Loslassens lag hinter ihm. Jetzt reichte ein kleiner Tisch für das, was sein Leben noch ausmachte. Kennen Sie vielleicht Ähnliches?

Aber den ewigen Gott, der in Jesus Christus zu uns gekommen ist und der uns auch in einer solchen Situation ganz nah sein will, den müssen wir nicht loslassen. Wir können es machen wie Jakob. Von ihm berichtet die Bibel über eine seiner dunkelsten Stunden. Er musste seinem Bruder gegenübertreten, an dem er in jungen Jahren

34

sehr schuldig geworden war. In dieser Situation wandte sich Jakob vertrauensvoll an Gott: „Ich lasse dich nicht, du segnest mich denn" (1. Mose 32,27). Und Gott ließ ihn nicht fallen. Die innere Unruhe wich einem großen Frieden. Die Aussöhnung wurde möglich.

Dabei fällt mir ein, was einer meiner Freunde einmal sagte: „Von allem müssen wir Abschied nehmen – nur nicht von dir, unser Gott!"

Horst Armin Eickel

Ich fühle mich einsam

Plötzlich bin ich verwitwet. Plötzlich? Eigentlich waren wir acht Jahre darauf vorbereitet worden. Acht Jahre währte die Zeit der Krankheit meiner Frau, mit allem Auf und Ab. Aber auch ein Sterben nach langer Krankheit hat für den Zurückbleibenden immer etwas Plötzliches. Meine Frau und ich sind am Tag vor ihrem Tod noch einige Schritte im Park des Krankenhauses spazieren gegangen. Dazu reichten die Kräfte kaum noch aus. Aber dass wenige Stunden später das Sterben einsetzen würde, damit hatte ich nicht gerechnet. Wie gut es tut, dass die Kinder da sind oder auch Freunde und liebe Menschen! Und doch ist es ein einsamer Schmerz. Eigentlich

begann die Trauer ja schon während der Krankheitszeit. Und doch: Jetzt ist ein letzter, unaufschiebbarer Punkt gesetzt. Das macht einsam.

Das Haus ist leer. Die Gefühle wollen mich täuschen, als wäre meine Frau nebenan, als hörte sie mich oder als würde ich sie durch meine Umtriebe stören. Das leere Haus bringt die Einsamkeit erst richtig ins Bewusstsein. Ich komme nach einem reich gefüllten Abend in der Gemeinde nach Hause, aber ich kann das Erlebte nicht erzählen. Wie kommt es, dass die Bibel in dieser Lage ganz neu wichtig wird? Gott spricht zu mir durch sein Wort.

In einer Zeit widerstreitender Gefühle und schmerzvoller Trauer werden Worte, die Jesus zu Menschen gesprochen hat, oder die Psalmen, die Verzweifelte vor uns gebetet haben, ganz neu aktuell:

Herr, auf dich traue ich,

lass mich nimmermehr zuschanden werden,

errette mich durch deine Gerechtigkeit!

Neige deine Ohren zu mir, hilf mir eilends!

Sei mir ein starker Fels und eine Burg,

dass du mir helfest!

Herr, sei mir gnädig, denn mir ist angst!

Mein Auge ist trübe geworden vor Gram,

matt meine Seele und mein Leib.

Denn mein Leben ist hingeschwunden in Kummer

und meine Jahre in Seufzen ...

aus Psalm 31

Der Schmerz des Loslassens und der Einsamkeit will mich lähmen. Und doch geht das Leben weiter! Ich darf Gott glauben, dass mein Leben noch eine Zukunft hat. Gottes Plan mit mir ist noch nicht zu Ende! Wie dankbar waren wir für unsere Gemeinde! Die Liebe, die wir während der Krankheitszeit meiner Frau erfahren haben, hat uns immer neu gestärkt und ermutigt. Der Rückhalt in der Gemeinde gab mir ein Gefühl der Geborgenheit, auch als mein Weg ohne meine Ehepartnerin weiterging. Ich möchte sogar sagen, dass die Gemeinde ein Stück „Familienersatz" im besten Sinn sein kann. Dort finde ich Gesprächspartner und auch Aufgaben, die ich bewältigen kann. Ich bin dankbar, dass ich dadurch weniger einsam bin.

„Der Rückhalt in der Gemeinde gab mir ein Gefühl der Geborgenheit."

Horst Armin Eickel

Es geht – wenn auch auf Krücken

Wenn Frau F. aus dem Auto steigt und die kleine Anhöhe zur Kirche in Angriff nimmt, denken Beobachter: Die arme Frau kann sich nur noch auf zwei Krücken bewegen, und das fällt ihr auch immer schwerer. Frau F. aber sagt bei der Begrüßung: „Ich hab's wieder geschafft. Auf Krücken geht es doch. Wie gut, dass ich sie habe." Sie strahlt mich an.

Ich weiß, wie sehr sich Frau F. freut, wenn sie am Gottesdienst der Gemeinde teilnehmen kann. Früher hat sie dort auch im Chor mitgesungen und gelegentlich den Gemeindegesang auf dem Klavier begleitet. Sie gewann mit ihrer fröhlichen Ausstrahlung rasch Freunde und gehört einfach fest dazu.

Frau F. erlebte schwere Kindheits- und Jugendjahre während des Zweiten Weltkriegs, musste aus Ostpreußen fliehen und war heimatlos. 1960 wurde sie zu einer Evangelisation mit Billy Graham in Essen eingeladen. Damals vertraute sie ihr Leben Jesus Christus an. Auch ihr späteres Leben war keineswegs immer leicht. Aber ihre Liebe zu Jesus prägt sie so sehr, dass sie allen Menschen mit großer Freundlichkeit begegnet.

Mit zunehmendem Alter kamen dann auch schwere Krankheitstage. Die Knochen spielten nicht mehr mit. Frau F. musste sich mehreren großen Operationen unterziehen. Die Schmerzen blieben jedoch. Wenn sie gefragt wurde, wie es ihr ging, sagte sie: „Ich hab doch meine Krücken. Die helfen mir, dass ich das Haus noch verlassen kann. Ich kann sogar noch in die Badeanstalt zum Schwimmen kommen. Und wenn die Schmerzen mich richtig fertig machen wollen, dann denke ich immer an mein Lieblingsbibelwort: Ich habe dir geboten, dass du getrost und unverzagt seist. Lass dir nicht grauen und entsetze dich nicht.

Der Herr ist mit dir bei allem, was du tun wirst (Josua 1,9).“

Frau F. lebt jeden Tag mit dem Wort Gottes. Es richtet sie immer wieder auf an besonders schmerzvollen Tagen. Manche Gemeindeglieder wissen das. Sie sagen: „Wenn Frau F. mit ihrem strahlenden Gesicht auf den beiden Krücken auftaucht, hilft mir das, mit meinen eigenen Schwierigkeiten besser klar zu kommen.“

Neulich erlebte Frau F. eine ganz besondere Freude. Sie konnte schon seit längerer Zeit nicht mehr Klavier spielen, weil die Schultern besonders schmerzten, wenn sie die Arme hochheben wollte. Ihr Sohn baute ihr einen ganz hohen Klavierstuhl, sodass sie die Arme einfach nur auf die Tasten des Klaviers fallen lassen muss. Frau F. spielt nun wieder. Natürlich klappt es nicht mehr so gut wie früher. Sie erklärt mir: „Auf manche schwierige Stücke meiner geliebten alten Meister muss ich verzichten. Aber stellen Sie sich vor, ich kann jetzt wieder Choräle spielen und dazu singen. Das Lob Gottes ist doch die beste Medizin gegen alle Traurigkeit über das, was heute nicht mehr geht.“

Brunhilde Blunck

Ich kann nicht hören, aber Gott hört mich

Schwerhörigkeit ist keine schmerzhafte Krankheit, aber sie verändert das Leben. Vieles ist jetzt anders, als es vorher war. Es fehlt ein Stück Lebensqualität. Musik zum Beispiel oder Konzerte, die ich früher gern hörte und die mich erfreut haben, sind für mich jetzt kein Hörgenuss mehr. Worte erfassen meine Ohren auch nicht mehr genau, obwohl ich ein sehr gutes Hörgerät habe. Dadurch entstehen viele ärgerliche Missverständnisse.

Ohne den Glauben an Jesus Christus würde ich manchmal an meiner Schwerhörigkeit verzweifeln. Doch heute bin ich getrost und voller Zuversicht – trotz meiner Behinderung. Ich weiß, dass Gott mit mir ist und mich hört. Das war nicht immer so.

Als junge Leute waren mein Mann und ich Mitglieder in einer Gruppe von engagierten jungen Christen. Dort waren wir auch zum Glauben gekommen. Doch als wir umzogen, verloren wir den Kontakt zu der Gruppe – und leider auch zu Gott. Es entstanden neue Freundschaften mit Menschen, die keine Verbindung zu Jesus hatten. Auch für uns war Gott in weite Ferne gerückt. Unser Leben verlief doch gut, dachten wir. Wir hatten eine schöne Wohnung und bald auch eine Tochter. Nur durch ihre Konfirmation und den Tod meiner Mutter hatten wir nochmals kurz Kontakt mit der Kirche.

Dies alles änderte sich, als mein Mann mit 50 Jahren seinen ersten Herzinfarkt bekam. Da trat eine Wende in unserem Leben ein. Durch Gespräche mit einem engagierten Christen am Krankenbett wurde meinem Mann bewusst, dass wir viele Jahre ohne Gott gelebt und auch nicht mehr auf sein Wort gehört hatten.

Wir sprachen über unseren verloren gegangenen Glauben und konnten wieder gemeinsam beten. Nach der Entlassung aus dem Krankenhaus gingen wir nach langer Zeit wieder in den Gottesdienst. Wir mussten erst eine Hemmschwelle überwinden. Doch die herzliche Begrüßung durch den Pfarrer und einen Presbyter half uns, unsere Scheu zu überwinden. Wir fühlten uns angenommen.

Kurz darauf bemerkte ich, dass ich nicht mehr gut hören konnte. Bei meinem Besuch beim Ohrenarzt stellte sich heraus, dass ich einen Hörsturz gehabt hatte, der aber leider nicht sofort behandelt worden war. So bekam ich vor über 20 Jahren mein erstes Hörgerät. Jetzt trage ich schon das fünfte. In Gruppen und bei Gesprächen bekam ich zunehmend Schwierigkeiten zu verstehen, was gesprochen wurde. In der Gemeinde nimmt man Rücksicht auf mich. Dafür bin ich dankbar. Das gibt mir das Gefühl der Zugehörigkeit und hilft mir, mich nicht aus der Gemeinschaft mit anderen Christen zurückzuziehen.

Vor allem mein Mann ermutigt mich oft mit seiner lebensbejahenden Art und seinem immer wieder frischen Glauben. Ich bin Gott dankbar, dass er mich hört, wenn ich im Gebet über meine Schwäche mit ihm reden darf. Seine tröstenden

Ich bin Gott dankbar, dass er mich hört, wenn ich im Gebet über meine Schwäche mit ihm reden darf.

Worte erreichen mich nicht mehr über mein Ohr, aber sie erreichen mein Herz. Das gibt Kraft, wenn ich mal trostlos bin und alles grau in grau sehe. Zugleich empfinde ich es als ein Geschenk Gottes, dass ich noch so gut sehen kann. Wie reich bin ich doch, seitdem ich wieder zurück zu Jesus Christus gefunden habe und auf ihn höre!

Hannelore Schmidt

Gibt es noch Hoffnung?

Normalerweise möchte jeder Mensch gern am Ende seines Lebens dankbar zurückschauen können auf das, was gelungen ist. Selbst wenn sich längst nicht alle Wünsche und Pläne verwirklichen ließen, wenn Umwege gemacht werden mussten, um ans Ziel zu kommen. Jeder möchte sein Leben gern selbst gestalten können.
Genau das hatte meine Gesprächspartnerin nicht erlebt: „Der Krieg hat mir den Vater und die Heimat genommen. Als Flüchtlingskind musste ich den Ausbildungsplatz nehmen, der mir angeboten wurde: Verkäuferin in einer Metzgerei. Dabei wäre ich so gern Schneiderin geworden. Mit 18 Jahren lernte ich meinen späteren Mann kennen, einen Metzgergesellen. Er zog mit mir in eine andere Stadt. Wir arbeiteten dort beide in

der gleichen Metzgerei. Ich wünschte mir ein Kind, aber ich wurde nicht schwanger. Mein Mann tröstete mich zuerst, es würde schon noch klappen. Aber eines Tages erklärte er mir: ‚Ich werde Vater. Du verstehst sicher, dass damit unsere Ehe zu Ende ist.' Er zog aus. Wir wurden geschieden. In meinem Leben passierte danach nichts Aufregendes mehr. Auf Männer habe ich mich nicht mehr eingelassen. Meine Mutter starb, meine Schwester wanderte nach Kanada aus. Ich blieb ganz allein zurück. Jetzt warte ich auf die Rente und den Tag, an dem alles aus und vorbei sein wird."

Mich machte dieser Bericht sehr betroffen. Ich hatte gerade ein Referat gehalten zum Thema „Wie man Freiheit gewinnt". Ich dachte: Will die Frau überhaupt noch frei werden? Ist sie nicht völlig festgefahren in ihrem Denken: „Bei mir ist alles gelaufen; Neues kann es nicht mehr geben in meinem Leben"?

Aber ich hatte doch immer wieder erlebt, dass die Begegnung mit Jesus das Leben eines Menschen völlig verändert. Im Neuen Testament lesen wir, dass Jesus von sich sagt: Wenn euch nun der Sohn frei macht, dann seid ihr wirklich frei (Johannes 8,36).

Ich überlegte, wie ich meiner Gesprächspartnerin erklären sollte, dass Jesus auch sie erfüllen kann mit neuem Denken, ihr ein Leben mit Hoffnung schenken will. Ich fragte sie, ob ich für sie beten dürfe. Sie nickte. Und dann bat ich Gott, dass er der Frau deutlich machen möchte, wie wertvoll sie ihm ist und welchen Plan er noch für ihr Leben hat.

Ich bin sicher: Wenn Jesus in unser Leben tritt, sind wir nicht mehr festgelegt auf unser bisheriges Denken und Handeln. Er gibt eine neue Lebensperspektive, die wir bisher für unmöglich hielten. Er vertröstet uns nicht nur auf ein besseres Leben nach dem Tod, sondern erfüllt uns hier und heute mit neuer Kraft und Hoffnung. Es gilt, was die Liederdichterin Hedwig von Redern formuliert hat:

Weiß ich den Weg auch nicht, du weißt ihn wohl.

Das macht die Seele still und friedevoll.

Ist's doch umsonst, dass ich mich sorgend müh',

dass ängstlich schlägt mein Herz,

sei's spät, sei's früh.

Du weißt den Weg ja doch, du weißt die Zeit,

dein Plan ist fertig schon und liegt bereit.

Ich preise dich für deiner Liebe Macht,

ich rühm' die Gnade, die mir Heil gebracht.

Brunhilde Blunck

Was die Bibel dazu sagt:

Meine Kraft ist in den Schwachen mächtig.
2. Korinther 12,9

Christen haben äußerlich kein leichteres Leben als andere Menschen. Sie werden auch krank, sie sterben, erleiden Unfälle, werden mit Arbeitslosigkeit, Unrecht usw. konfrontiert. Manchmal haben Christen es sogar noch schwerer als andere: Wenn sie um ihres Christseins willen verspottet oder gar verfolgt, ins Gefängnis geworfen und getötet werden. Auch wenn dies in unserem Land nicht der Fall ist, kennt doch jeder aus den Medien solche Beispiele, auch in der heutigen Zeit, z.B. in islamischen Ländern.

Dennoch ergeht es Christen anders. Vielleicht kennen Sie den berühmten Psalm Davids:

Der Herr ist mein Hirte, mir wird nichts mangeln.

Er weidet mich auf einer grünen Aue

und führet mich zum frischen Wasser.

Er erquicket meine Seele.

Er führet mich auf rechter Straße

um seines Namens willen.

Und ob ich schon wandere im finsteren Tal,

so fürchte ich kein Unglück,

denn du bist bei mir …

Psalm 23,1-4

Der Satz: „Du bist bei mir", drückt das Geheimnis der Christen aus: Sie wissen sich auch im Unglück nicht alleingelassen. Sie sind ganz gewiss,

49

dass ihr auferstandener und lebendiger Herr bei ihnen ist, wie er es gesagt hat: Siehe, ich bin bei euch alle Tage, bis an der Welt Ende (Matthäus 28,20).

Eine Geschichte aus der Bibel macht besonders deutlich, wie Christen mit Schwierigkeiten umgehen. Da ist der Apostel Paulus. Gott hatte ihn berufen, als Missionar das Evangelium nach Europa zu bringen. Doch er wurde zunehmend durch ein schweres körperliches Leiden behindert. Er betete inständig, Jesus möge diese Behinderung doch von ihm nehmen. Jesus antwortete ihm: „Lass dir an meiner Gnade genügen; meine Kraft ist in den Schwachen mächtig!" (2. Korinther 12,9).

Wie reagierte Paulus auf diese Antwort Gottes? Er schreibt, dass er seit der Zeit wieder guten Mut hat – auch „in Schwachheit, in Misshandlungen, in Nöten, in Verfolgungen". Warum hat er wieder Mut trotz bleibender widriger Umstände? Er hat das Wort Jesu für sein Leben mit allen Schwierigkeiten ernst genommen! Das hat ihn so reich erfüllt und ihm die Kraft gegeben zu seinen schweren Diensten.

Auch Sie dürfen sich darauf verlassen: Gott will Ihnen nahe sein. Seine Kraft will auch in Ihrem Leben wirksam werden – unabhängig von Ihren eigenen Kräften.

Reicher als gedacht!

Voller Dankbarkeit

Die meiste Zeit meines Lebens hielt ich mich für gläubig und war bemüht, ein christliches Leben zu führen. Der Glaube war mehr privater Natur, ich las nicht in der Bibel oder gehörte zu einer Gemeinde. Sonntags ging ich nur dann in die Kirche, wenn dies die diversen anderen Wochenendplanungen und Termine zuließen. Ich war meinem Gott durchaus dankbar für mein „Glück", das ich mit meiner Familie, dem Beruf und meiner Gesundheit hatte.

Dann, mit 57, kam der plötzliche gesundheitliche Knall. Eigentlich war das vorauszusehen bei meinem verantwortungsvollen, sehr zeitaufwendigen Beruf, dazu die Familie am Wochenende und häufige Herzprobleme. Nach Monaten wurde eine Operation nötig. Bis dahin hatte ich Angst. Doch ich merkte: Beten hilft gegen die Angst!

Immer öfter nahm ich die Bibel zur Hand, um Zuversicht zu finden. Mehr zufällig schlug ich eines Tages die Apostelgeschichte auf, die mir bis dahin nicht geläufig war. Direkt am Anfang, in der Pfingstpredigt des Apostels Petrus (Kapitel 2,21), begegnete mir der Satz, der mir schlagartig klarmachte, wie oberflächlich mein bisheriger Glaube gewesen war: Wer sich zum Herrn bekennt und seinen Namen anruft, wird gerettet (GNB).

Mir wurde klar, dass nur Gott mich beschützen und mir helfen konnte. Dazu war es nötig, ihm ohne Wenn und Aber zu folgen. Ich hatte erstmals das Gefühl, dass meine Gebete erhört wurden, denn ich merkte, wie die Angst langsam der Zuversicht wich.

Nach der Operation war ich Gott sehr dankbar. Ich konnte in erstaunlich kurzer Zeit das Krankenhaus verlassen. Ein Mitpatient mit gleicher Erkrankung, nur zehn Jahre jünger, auch voller Angst, doch ohne Gottvertrauen, lag noch fast sechs Wochen länger im Krankenhaus.

Mein Glaube hat sich völlig verändert. Er wurde ganz neu, vor allem voller Dankbarkeit. Ich begann, mit den Menschen um mich herum und im Beruf mehr und mehr über das Thema Glaube zu sprechen – in dem neuen Bewusstsein, dass ein Leben ohne Gott nicht wirklich gelingen kann.

In der Bibel zu lesen wurde immer wichtiger für mich. Ich entdeckte die Losungen aus dem Herrnhuter Losungsbüchlein als eine tägliche Quelle der Ermutigung. Im Alten Testament fand ich beim Propheten Jeremia eine für meinen Glauben wichtige Aussage: Wenn ihr mich von ganzem Herzen suchen werdet, so will ich mich von euch finden lassen (Jeremia 29,13b-14a). Das bedeutet heute für mich, Gott ohne jeden Zweifel als Wegweiser in allen Dingen meines Lebens anzuerkennen und ihm zu vertrauen. So finde ich immer mehr zu Jesus und staune über das Wunder seiner Erlösung.

Ebenfalls wurde die Gemeinde auf einmal wichtig für das Gespräch mit anderen Christen. Es wurde mir ein Bedürfnis, sonntags in den Gottesdienst zu gehen. Ich freue mich auf ihn immer wieder neu.

So war es auch nur ein kleiner Schritt, mich nach meiner Pensionierung mehr und mehr in die Gemeinde einzubringen – überall, wo ich gerade gebraucht wurde. Durch einen unserer Söhne kam ich in die Jugendarbeit als Freizeitbegleiter und half mit bei der Hausaufgabenbetreuung. Dazu kamen manche andere Aufgaben, u.a. in der vielfältigen Arbeit der Generation 60plus. Trotz fortschreitenden Alters bin ich dankbar, dass Jesus mir beisteht und mir immer wieder neuen Lebensmut schenkt. Ich schöpfe heute meine Kraft und meine Gelassenheit aus der Erkenntnis, dass Jesus wahrhaftig lebt.

So finde ich immer mehr zu Jesus und staune über das Wunder seiner Erlösung.

Peter Lehringer

Ich werde gebraucht!

Immer wieder begegnet mir das Problem, dass Menschen sich im Alter „überflüssig" vorkommen, als „altes Eisen". Sie haben das Gefühl, dass sie nicht mehr gebraucht werden. Dabei gilt es doch nur, die neuen Möglichkeiten des Alters zu entdecken!

Frau R. war Krankenschwester gewesen und wohnte nun als Rentnerin in einem großen Senioren-Wohnheim. Sie kannte niemanden und fühlte sich sehr allein. Vor allem: Sie hatte nichts mehr zu tun. Ihr Leben schien irgendwie leer und sinnlos. Ich lernte sie bei meinen Besuchen Neuzugezogener kennen. Wie sollte ich sie trösten?

Plötzlich hatte ich eine Idee: „Hier im Haus wohnen viele Leute, denen es ähnlich ergeht wie Ihnen. Sie aber haben einen großen Vorteil vor den meisten."

Erstaunt sah sie mich an: „Was meinen Sie?"

„Sie sind Christin", sagte ich.

„Ja", antwortete sie, „das tröstet mich auch etwas, aber ..."

Ich unterbrach sie: „Nein, so meine ich das nicht, sondern als Christin könnten Sie doch die Einsamen und Kranken in diesem großen Haus besuchen, ihnen etwas vorlesen, mit ihnen über die Freude und den Reichtum des Glaubens reden, vielleicht auch mit ihnen singen und beten."

Ich brauchte nicht weiterzureden, ich sah es ihren Augen an, die auf einmal strahlten. Sie hatte sofort begriffen: Wer von dem Reichtum seines Glaubens abgibt, wird selbst reicher. Als ich Frau R. ein, zwei Monate später wieder besuchte, war sie ganz erfüllt von der neuen Aufgabe, die Gott ihr geschenkt hatte.

Wer von dem Reichtum seines Glaubens abgibt, wird selbst reicher.

Herr S. war schon 82 Jahre alt, als er sich entschloss, in ein Seniorenwohnheim zu ziehen. Es war zwar ein Umzug in eine neue Stadt, aber schnell fand er Anschluss in der neuen Gemeinde vor Ort. Als ich ihn kennenlernte, war er bereits 86 Jahre alt und immer noch sehr rüstig. Ich begegnete ihm, als er in seiner Gemeinde gerade einen großen Freudentag erlebte. Was war geschehen?

Als er vor vier Jahren in das Seniorenheim gezogen war, hatte er schon bald gute Kontakte zu den anderen Mitbewohnern. Eines Tages schlug er vor, samstags morgens einen biblischen Gesprächskreis anzubieten. Er war in seiner alten Gemeinde in einem Hausbibelkreis gewesen und vermisste so etwas jetzt. Einer musste das ja anfangen – warum nicht er? Zu alt? Wieso?

Also gesagt, getan. So gab es viele Gespräche, nicht nur mit den Mitbewohnern, sondern auch mit den Schwestern und dem Personal. Eine der Pflegeschwestern war dadurch zum Glauben gekommen und ließ sich an diesem Sonntag taufen. Es war eine tiefe Freude für den alten Christen, dass Gott ihn auf eine solch besondere Weise noch in seinem Alter gebraucht hatte.

Jürgen Blunck

Neue Gaben und Fähigkeiten

Bei meinen Vortragsreisen zu Frauenfrühstückstreffen übernachte ich gelegentlich bei den Leuten, die mich eingeladen haben. Einmal holte mich der Ehemann der Leiterin des Treffens vom Bahnhof ab.

„Ein gutes Thema habt ihr da morgen früh", sagte er. „‚Loslassen und den Sprung zu Neuem wagen' – das habe ich selber auch erlebt, als ich vorzeitig in Rente geschickt wurde. Mir war ziemlich elend zumute, ich konnte mir nicht vorstellen, was ich mit der ganzen freien Zeit anstellen sollte. Dann wurde ich in der Gemeinde gefragt, ob ich nicht in den Besuchsdienst einsteigen wolle. Ich dachte zuerst, das kannst du nie. Als technischer Zeichner hatte ich in meinem Berufsleben nicht viel reden müssen und zu Hause wurde ich von meiner Frau oft ermahnt, doch mehr zu erzählen. Wie sollte ich da bei fremden Leuten den Mund aufbekommen? Der Gemeindeleiter erklärte mir, es gebe ein Seminar für Besuchsdienste. Das sollte ich besuchen und dann einfach einmal ausprobieren, Besuche zu machen. Stellen Sie sich vor, ich hab's getan. Heute möchte ich nicht mehr leben ohne meinen Besuchsdienst. Es macht mir so viel Freude, den Kranken und Senioren zuzuhören. Ich habe auch gelernt, ihnen etwas aus der Bibel vorzulesen und mit ihnen zu beten. Meine Frau freut sich mit mir, dass ich den Sprung gewagt habe. Aber warten sie nur, gleich werden Sie sehen, was meine Frau ganz neu begonnen hat."

Er zog den Schlüssel aus der Tasche und sagte beim Öffnen der Haustür: „Sie betreten jetzt das Haus einer Künstlerin." Und wirklich, schon im Flur fiel mein Blick auf mehrere schöne leuchtende Bilder. Meine Gastgeberin erschien und sagte: „Ja, viele Jahrzehntelang habe ich gar nicht geahnt, dass ich die Gabe habe zu malen. Ich fing damit erst kurz vor meinem 60. Geburtstag an. Eine Bekannte hatte mich überredet, mit ihr zu einem Aquarellkurs zu kommen. Dabei entdeckte ich meine Freude an leuchtenden Farben. Ich habe dann mit dem Malen begonnen. Gleich werden Sie auch einige der Erstlingswerke sehen. Sie zeigen, dass ich anfangs viel lernen und üben musste. Aber es wurde mit der Zeit immer besser. Das Malen macht mir sehr viel Spaß und ich kann mit meinen Bildern auch anderen eine Freude machen. Besonders schön war es, als ich von einigen Frauen gefragt wurde, ob ich auch ihnen das Malen beibringen könne. So haben wir in unserer Gemeinde einen Treff der ‚Dienstagsmaler‘ begonnen. Das gemeinsame Arbeiten macht uns viel Freude. Ich kann nur staunen, was Gott mich mit nun fast 70 Jahren noch erleben lässt."

Der Ehemann fügte hinzu: „Ich hätte mir vorher auch nie träumen lassen, dass ich eine Künstlerin geheiratet habe. Aber sie hat ihre Begabung ja auch in über 30 Ehejahren gut geheim gehalten. Und jetzt freuen wir uns beide daran, dass es sogar im Alter noch möglich ist, die Gaben ganz neu zu entdecken, mit denen Gott uns beschenkt hat."

Brunhilde Blunck

Mit über 70 Jahren Zugang zur Bibel finden

Die Bibel ist immer wieder für Überraschungen gut. Ich kann nur staunen, wie Gott durch sie Menschen anspricht und ihr Leben ganz neu bereichert.

Da ist die über 70-jährige Frau, die zehn Jahre lang ihren Mann zu Hause gepflegt hat. In dieser Zeit hat sie sämtliche Außenkontakte verloren, selbst zu Verwandten und früheren Freunden. Außer notwendigen, kurzen Besuchen in Supermarkt und Apotheke ist sie kaum aus dem Haus gekommen. Und weil auch die Kirche sich nicht um sie gekümmert hat, lässt sie ihren Mann ohne Pfarrer beerdigen.

Vier Wochen später sitzt sie in der Straßenbahn. Vor ihr liest ein Junge in einem kleinen grünen Büchlein. Es ist eine Bibel, wie sie zu ihrer Überraschung feststellt. Der Junge hatte sie in der Schule bei einem Einsatz der Gideons geschenkt bekommen. In der alten Dame meldet sich eine tiefe Sehnsucht, neue Hoffnung nach Leben keimt in ihr auf. Sie notiert sich die Anschrift und bestellt sich auch so eine „grüne Bibel" in Großdruck beim Gideonbund, wo ich ehrenamtlich tätig bin.

Es ist so üblich, dass jede Bibel persönlich überbracht wird. Daher besuche ich die Frau. Am Ende unseres Gespräches frage ich sie, ob ich mit

ihr beten dürfe. Nach dem Gebet sagt sie: „Ich möchte jetzt auch wieder beten lernen." Ein längeres seelsorgerliches Gespräch vertieft den neuen Anfang. Wenige Monate später findet bei der Dame alle 14 Tage ein „biblisches Kaffeekränzchen" mit einigen anderen Frauen statt. Dabei lesen sie miteinander in der Bibel und sprechen darüber.

Da ist der über 70-jährige erfolgreiche Geschäftsmann. So erfolgreich, dass er sich beruhigt aus den Geschäften zurückziehen könnte. Als er eine Operation im Krankenhaus über sich ergehen lassen muss, hat er Muße. Er liest in der ausgelegten Bibel. Wieder zu Hause, bittet er den Gideonbund, ihm eine Bibel in Großdruck zu schicken. Nachdem ich sie ihm überbracht habe, kommt einige Zeit später ein Dankesbrief und eine weitere Bitte: „Können wir bei Ihnen weitere fünf Exemplare bestellen? Es sollte das Neue Testament mit Psalmen und Sprüchen in deutscher Sprache im Großdruck sein. Wir würden gern vier

Gibt es auch für mich noch etwas Neues zu entdecken?

Exemplare in verschiedenen Räumen unseres Hauses griffbereithalten und ein Exemplar in unserem Reisekoffer verstauen, sodass die Bibel auch unterwegs immer dabei ist."

Als ihm auch diese Bibeln überbracht werden, lässt der Dank nicht auf sich warten – eine Riesenspende für die weitere Verbreitung der Bibel bringt zum Ausdruck, wie sehr das Lesen in der Bibel sein eigenes Leben bereichert hat.

Vielleicht bewegen auch Sie nach einem langen Leben bestimmte Fragen und die Sehnsucht: Gibt es auch für mich noch etwas Neues zu entdecken? Ja! Auch Sie können den Reichtum finden, den Gott uns mit seinem Wort in der Bibel schenkt!

Rolf Grotjohann

Ich habe keinen Groll mehr!

Immer wieder erfahre ich, dass Familienstreitigkeiten und tief gehende Verletzungen innerhalb der Familie das Leben belasten oder auch unerträglich machen. Doch ich erlebe auch, dass der Glaube an Jesus Christus einen ungeahnten Reichtum in alte Verletzungen bringt und sie heilt.

Viele Jahrzehnte lang konnte Frau B. ihrer Stiefmutter nur Hassgefühle entgegenbringen. Sie hatte auch allen Grund dazu. Doch irgendwann spürte sie, dass sie sich in der Hektik ihres Lebens immer mehr verkrampfte. So nahm sie sich eine Auszeit und fing an, ernsthaft nach Gott zu fragen. Mehr noch: Sie begann, bewusst mit Gott zu leben.

„Mir ist Gottes Gnade nachgegangen", sagte sie mir. Von Tag zu Tag wurde ihr deutlicher: Gott kann mich mit seiner Liebe durchströmen; ich kann konsequent aus seiner Liebe leben. Das zeigte sich in vielen kleinen Dingen des Alltags. Als drei Jahre später der Vater starb, wurde ihr bewusst: Die Stiefmutter ist jetzt arm dran. Urplötzlich war ihr klar: „Gott wollte, dass ich den Kontakt zu ihr aufnehme." Es war sehr schwer für sie, aber sie gehorchte Gott. Sie überwand sich und telefonierte zum ersten Mal mit der Stiefmutter, die viele hundert Kilometer entfernt wohnte. Auch beim zweiten Anruf war es noch genauso schwer. Doch mit jedem Anruf wurde es leichter.

„Heute habe ich keinen Groll mehr, wir haben jetzt eine lockere Beziehung ohne Hassgefühle", sagte sie kürzlich in einem Gesprächskreis, als wir auf Vergebung zu sprechen kamen. „Am Anfang habe ich die Beziehung nur Gott zuliebe gehalten, heute gibt sie auch mir etwas", schloss sie. Ja, so sehr kann uns eine tiefe Glaubensverbindung mit Jesus verändern – auch unsere Hassgefühle können überwunden werden.

Als eine andere Frau in dem Gesprächskreis dies hörte, sagte sie spontan: „Das konnte ich nicht! Ich habe meiner Schwiegermutter nie verzeihen können und habe sie auch auf dem Sterbebett nicht besucht. Das belastet mich." Sie hatte wirklich schwerste Demütigungen hinnehmen müssen. Dabei hatte ihr Mann immer auf ihrer Seite gestanden. Als Christin litt sie jedoch seit Langem darunter, dass sie sich nie hatte überwinden können, einen Schritt auf die Schwiegermutter zuzugehen.

„… auch unsere Hassgefühle können überwunden werden"

Mich ließ dieser spontane Ausbruch nicht ruhig. Ich besuchte sie. Wir sprachen über Vergebung. Doch jetzt ging es nicht mehr darum, anderen zu vergeben, sondern die Vergebung Jesu für sich selbst in Anspruch zu nehmen. Natürlich glaubte diese Frau ganz allgemein, dass Jesus Schuld vergibt. Aber galt das auch ihr, die sie sich trotz ihres Glaubens nicht hatte überwinden können, ihrer Schwiegermutter zu vergeben?

Wie strahlte sie auf, als wir diese Schuld im Gebet vor Jesus bekannt hatten und ihr die Vergebung im Namen Jesu zugesprochen wurde. Als ich ihr 14 Tage später begegnete, sagte sie: „Warum habe ich das bloß so lange mit mir allein herumgetragen und nicht schon viel früher ausgesprochen?" Wie reich beschenkt uns unser Gott. Er befreit von jahrzehntelangen Schuldgefühlen. Er macht frei von Groll gegenüber denen, die an uns schuldig geworden sind.

Jürgen Blunck

Was die Bibel dazu sagt:

Von seiner Fülle haben wir alle genommen Gnade um Gnade.
Johannes 1,16

Die zwölf Jünger Jesu haben immer wieder mit Staunen festgestellt: Jesus hat uns reich beschenkt! Sie selber hatten nichts Besonderes

beizutragen. Es war nicht ihr Verdienst, es war reine Gnade, ein unverdientes Geschenk. Von der Fülle dieser Gnade haben sie gelebt, Tag für Tag, Jahr um Jahr, ihr ganzes Leben lang.

Vielleicht haben Sie bei einigen Berichten gedacht: Wie ist das möglich, dass ein Mensch sich so verändert? Wie ist das möglich, dass sogar die Hassgefühle sich verändern? Wie ist das möglich, dass ein Mensch sich nicht mehr um sich selber dreht, sondern jetzt für andere Menschen da ist?

Es ist immer das gleiche Motiv, das wir bei den Jüngern Jesu finden. Es ist nicht nur eine tiefe Dankbarkeit für den neu geschenkten Reichtum der Gottesnähe und Vergebung. Es ist auch die neue Erfahrung, die sie mit Jesus gemacht haben: Ein Leben wird innerlich arm, wenn man sich um sich selbst dreht; ein Leben wird reich, wenn es für Gott und Gottes Welt gelebt wird.

Darum haben auch die ersten Christen mit Leidenschaft versucht, möglichst viele Menschen zu beteiligen an dem, was sie in der Nähe Jesu empfangen hatten. Sie sind hinausgegangen in alle Welt. Warum? Wen die Freude über die Vergebung der Schuld, über die neue Gottverbundenheit, über die neue Zielausrichtung seines Lebens erfüllt, der möchte anderen daran Anteil geben.

Jesus hat dazu nicht nur bestimmte Menschen ausgesucht, die besonders geeignet gewesen wären. Er hat nicht die Begabten zum Dienen berufen, sondern die Berufenen zum Dienen begabt. Und berufen sind wir alle – auch Sie und ich. Sie werden staunen, was Gott aus Ihrem Leben noch alles machen kann!

„Jesus lebt, mit ihm auch ich"

Er konnte noch nicht sterben

Als junger Pfarrer wurde ich von einem Gemeindeglied gebeten, einen todkranken Mann im Krankenhaus zu besuchen – es wäre sicher gut für ihn. Der Mann war ein angesehener Bürger, der sich aus kleinen Verhältnissen mit viel Mühe erfolgreich hochgearbeitet hatte. Dabei hatte er offenkundig auch „fünf gerade sein lassen". Ich hatte mir lange überlegt,

> *„Er konnte seine Vergangenheit nicht einfach abschütteln."*

wie ich mich vorsichtig herantasten könnte, um ihm deutlich zu machen, dass er nun bald vor seinem Schöpfer stehen würde. Doch schon, als ich mich ihm als Pfarrer vorstellte, lehnte er jedes weitere Gespräch ab.

Aber er konnte noch nicht sterben. Seine Vergangenheit wurde nochmals sehr lebendig für ihn. Wie ein Film lief sein Leben vor ihm ab. Ihm wurde bewusst, was er alles verkehrt gemacht hatte, wo er schuldig geworden war. Freunde gaben ihm den Rat: „Vergiss das einfach, freu dich an dem Guten in deinem Leben!" Doch er spürte: Er konnte seine Vergangenheit nicht einfach abschütteln. Er musste sich ihr stellen. Aber wie?

So kam es, dass mich einige Tage später wieder ein Anruf erreichte. Diesmal aus dem Krankenhaus von ihm selbst, ob ich nochmals kommen könne. Ein langes Gespräch erfolgte: eine echte Beichte, die Zusage der Vergebung für den, der Jesus von ganzem Herzen glaubt, ein tiefes Aufatmen und eine große Befreiung. In den letzten zehn Tagen seines Lebens konnte er vom Krankenbett aus noch einiges bekennen und in Ordnung bringen. Dann durfte er im Frieden Jesu einschlafen.

Jürgen Blunck

Ich habe keine Angst mehr vor dem Sterben

Vor 10 Jahren habe ich intensiv das Sterben einer lieben Freundin begleitet. Sie war in der DDR aufgewachsen und gehörte nicht zur Kirche. Als sie dann mit ihrer Mutter in den Westen übersiedelte, stellte sie fest, dass auch hier die Menschen gut ohne Glauben auskamen. Der plötzliche Tod der Mutter und die darauffolgende Einsamkeit ließen sie erstmalig fragen, ob der Mensch wirklich nur für den Friedhof lebt.
Die Frau fand durch eine Evangelisationswoche zum Glauben an Jesus Christus. Gleichzeitig begann eine Freundschaft zwischen uns. Als sie

eines Tages von einem Arztbesuch die Diagnose Krebs mitbrachte, waren wir beide sehr erschrocken. Wir hatten uns doch noch auf viele schöne gemeinsame Jahre gefreut!

Die Krebserkrankung wurde behandelt. Meine Freundin stellte mir in dieser Zeit viele Fragen im Blick auf das Sterben. Ich versuchte, ihr Antwort zu geben, so gut ich konnte. Auch als die Krebsbehandlung nach Aussage der Ärzte erfolgreich abgeschlossen war, blieb für meine Freundin das Sterben ein wichtiges Thema. Ich freute mich, wenn sie durch Bibellesen und Beten Hilfe und Antworten von Gott bekam. Sie betonte immer wieder: „Ich möchte gern gut vorbereitet sein, wenn es soweit ist."

Zwei Jahre später kam die Krankheit zurück. Wieder ließ meine Freundin eine Operation und Bestrahlung über sich ergehen. Natürlich hofften wir, dass es auch diesmal zu einem guten Ergebnis führen würde. Wir haben Jesus oft gemeinsam um Heilung gebeten. Aber dann stand fest: Meine Freundin musste damit rechnen, in wenigen Monaten zu sterben. Sie erklärte: „Ich habe keine Angst mehr vor dem Tod." Es waren nicht nur Worte, die sie aussprach; sie lebte auch in den folgenden drei Monaten in der Gewissheit: Der Tod ist ja nur die Tür zur Ewigkeit.

Meine Freundin wollte mit mir zum Friedhof gehen, um den Platz auszusuchen, an dem ihr Leib

begraben werden sollte. Sie plante ihre Beerdigungsfeier, suchte passende Lieder und Texte aus. Ich sollte die Ansprache halten. Ihr Wunsch: „Mach den Menschen, die zum Friedhof kommen, klar, dass ich jetzt bei Jesus bin. Erzähl ihnen, wie das Vertrauen zu Jesus mir alle Angst vor dem Sterben genommen hat. Die Vorfreude auf die Begegnung mit Jesus ist viel größer als die Traurigkeit, hier von allen guten Freunden Abschied nehmen zu müssen."

Dann kamen die letzten Wochen ihres Lebens. Meine Freundin wohnte seit der zweiten Erkrankung bei uns. So bekam ich jeden Tag mit, wie die Kräfte immer mehr schwanden. Wie gut, dass es Medikamente gab, die bei schweren Schmerzattacken halfen. Staunend beobachtete ich, wie die Vorfreude auf die Ewigkeit immer mehr wuchs. Auch Besucher, die hereinschauten, wunderten sich, wie ruhig und geborgen meine Freundin war. Kurz vor Ostern sagte sie: „Ich habe noch einen Wunsch – ich möchte noch einmal mit der Gemeinde den Ostergottesdienst feiern und die Botschaft vom leeren Grab und der Auferstehung Jesu hören."

Ihre Bitte wurde erfüllt. Wir halfen ihr am Ostersonntag, damit sie in die Kirche kommen konnte. Sie saß noch einmal unter uns und sang ihr Lieblingslied:

Jesus lebt, mit ihm auch ich,

Tod wo sind nun deine Schrecken?

Er, er lebt und wird auch mich

von den Toten auferwecken.

Er verklärt mich in sein Licht;

das ist meine Zuversicht.

Am Ostermontag verlor sie das Bewusstsein und zwei Tage später wurde sie heimgerufen.

Viele Gemeindeglieder bekamen die Krankheit und den Tod meiner Freundin mit. Sie waren überrascht, wie ruhig und gefasst sie blieb, obgleich sie das biblische Lebensalter von 70 oder 80 Jahren noch lange nicht erreicht hatte. Statt sich der Macht des Todes hilflos ausgeliefert zu fühlen, vertraute sie der Macht Jesu, der den Tod besiegt hat. Manche aus der Gemeinde nahmen sich meine Freundin als Vorbild, denn niemand weiß, wie viel Zeit er noch hat, sich auf das eigene Sterben vorzubereiten.

Brunhilde Blunck

Erwartet Jesus mich jetzt in der Ewigkeit?

Frau M. erzählt mir vom Tod ihres Mannes:
„Ich habe meinen Mann in den letzten drei Jahren als schweren Pflegefall zu Hause gehabt. Gern tat ich alles für ihn, was mir möglich war. Er lächelte mich dann immer dankbar an. Nur wenn ich versuchte, mit ihm über Gott und den Glauben zu reden, machte er deutlich, dass er davon nichts hören wollte. Mich machte das traurig. In unserem gemeinsamen Leben waren wir an dem Punkt nie eins gewesen. Mein Mann betonte seine Toleranz und ließ mir und den Kindern alle Freiheit, zur Kirche zu gehen. Er bekam auch mit, dass ich täglich in meiner Bibel las und betete. Er sprach allerdings nie mit mir darüber. Als er jetzt so krank und elend vor mir lag, hätte ich

ihm so gern von Jesus erzählt, der mich täglich mit der Kraft beschenkte, meinen Mann gut zu versorgen. Er würde nun bald vor den Toren der Ewigkeit stehen. Ich war überzeugt, dass auch er Frieden mit Gott brauchte. Aber ich konnte ihn mit Worten nicht erreichen. Natürlich habe ich täglich für ihn gebetet.

Eines Tages – er war schon sehr schwach – fragte mein Mann: ‚Ist der Glaube an Gott eigentlich eine Hilfe beim Sterben?' Ich nickte nur, denn Tränen nahmen mir die Stimme. Mein Mann blieb still. Und ich schwieg auch. Wieder betete ich leise für ihn und bat Jesus, dass er doch das Herz meines Mannes öffnen möge.

Eine gute Woche später – der Arzt hatte mich schon darauf vorbereitet, dass es in ganz kurzer Zeit zu Ende gehen würde – saß ich wieder am Bett meines Mannes. Er hatte die Augen geschlossen. Auf einmal betete ich laut für meinen Mann. Ich vertraute ihn der rettenden Liebe Jesu an. Da öffnete mein Mann die Augen und fragte: ‚Erwartet Jesus mich jetzt in der Ewigkeit?' Wieder konnte ich nur nicken. Mein eigenes Herz füllte sich mit Dank und Zuversicht, dass mein Mann doch noch zum Frieden mit Gott gefunden hatte."

Brunhilde Blunck

Was die Bibel dazu sagt:

Ich lebe und ihr sollt auch leben!
Johannes 14,19

Das war die große Überraschung für die Jünger Jesu am Ostermorgen: Jesus war wirklich auferstanden. Er hatte die Allmacht des Todes überwunden. Ihre tiefe Trauer wich einer großen Freude.

Sie hatten es nicht für möglich gehalten, als Jesus vor seinem Tod von seiner Auferstehung gesprochen hatte. Sie glaubten zwar an ihn, aber ihr Glaube war beschränkt auf das, was sie sich vorstellen konnten. Durch Ostern bekam ihr Leben eine ganz neue *Sterben ist nicht länger eine Reise in ein unbekanntes Land, sondern ein Nach-Hause-Kommen.* erweiterte Perspektive. Und diese Perspektive bekommen auch wir, wenn wir zu Jesus gehören: Der Tod ist nicht mehr die Endstation des Lebens, er wird zu einer Durchgangsstation. Sterben ist nicht länger eine Reise in ein unbekanntes Land, sondern ein Nach-Hause-Kommen. In der Ewigkeit werden wir schon erwartet.

Auch Ihnen ruft Jesus zu: Ich lebe und ihr sollt auch leben! Wenn Sie Jesus Glauben schenken, werden auch Sie teilhaben an der Auferstehung und dem neuen Leben bei Gott.

So sehr hat Gott die Welt geliebt, dass er seinen eingeborenen Sohn gab, damit alle, die an ihn glauben, nicht verloren werden, sondern das ewige Leben haben (Johannes 3,16).

Die Bibel beschreibt uns die neue Welt Gottes nicht, aber sie sagt, dass in jener Welt
· Gerechtigkeit und Friede herrschen,
· Leid, Schmerzen, Krankheit und Tod nicht mehr sein werden,
· wir Gott loben und ihm danken werden, dass er Jesus als Retter in unsere Welt geschickt hat.

Die Berichte in diesem Buch möchten Ihnen neue Hoffnung geben, Hoffnung über den Tod hinaus. Gott lädt auch Sie ein, Teilhaber an seiner neuen Welt zu werden. Sie können jetzt schon in Vorfreude darauf leben und in der festen Gewissheit, dass sich Jesu Zusage auch bei Ihnen erfüllen wird: Ich lebe und ihr sollt auch leben!

Wie kann es weitergehen?

Vielleicht hat Sie dieses Buch nachdenklich werden lassen. Wir möchten Ihnen gern noch einige Tipps weitergeben, was Sie nun tun können:

1. Wenn Sie Gesprächspartner zur Klärung Ihrer Fragen brauchen, können Sie sich gerne über den Verlag an uns, Jürgen und Brunhilde Blunck, wenden. Ihr Brief oder Ihre E-Mail wird dann an uns weitergeleitet.

   SCM R.Brockhaus,
   „Spät gefunden, reich beschenkt",
   Bodenborn 43, 58452 Witten
   info@scm-brockhaus.de

2. Wenn Ihnen klar geworden ist, dass Sie Ihr Leben ganz neu mit Gott führen wollen, dann falten Sie Ihre Hände und sagen Sie es Jesus im Gebet mit Ihren Worten. Nennen Sie Jesus Ihre Nöte, aber auch Ihre Schuld. Und wenn Sie meinen, Ihnen fehlen die richtigen Worte, dann finden Sie auf Seite 29 ein Beispiel für ein solches Gebet.

3. Wenn Sie nun bewusst Ihr Leben in Gottes Hand gelegt haben, dann greifen Sie zu einer Bibel. Wenn Sie keine haben, können Sie sich in jeder Buchhandlung eine besorgen. Falls Ihnen der Wortlaut der Lutherbibel sprachlich zu fremd sein sollte, gibt es gute neuere Übersetzungen, z.B. Hoffnung für alle.

   Fangen Sie mit dem Bibellesen im Neuen Testament bei den vier Evangelien an. Dort lernen Sie Jesus näher kennen. Was Sie nicht verstehen, können Sie vorerst übergehen.

4. Suchen Sie sich Menschen, die Ihnen mehr über Gott und Jesus sagen können. Vielleicht gibt es einen biblischen Gesprächskreis in Ihrer Nähe. Suchen Sie sich eine Gemeinde und besuchen Sie dort regelmäßig den Gottesdienst. Eine Übersicht über viele Gemeinden Deutschlands finden Sie im Internet: www.gemeindeatlas.de. Neben den beiden Landeskirchen gibt es in Ihrer Stadt wahrscheinlich auch verschiedene freie Gemeinden, denen Sie sich ebenfalls anschließen können, egal, welcher Konfession Sie angehören. Finden Sie einfach heraus, wo Sie sich mit Ihrem jungen Glauben am wohlsten fühlen.

5. Hilfreich ist es, wenn Sie Ihrem neu gefundenen Glauben Ausdruck verleihen. Sie können Menschen durch Worte und Taten deutlich machen, dass Ihr Leben jetzt von Jesus Christus geprägt wird.

Wenn Ihnen dies Büchlein zu einem „späten Glück" verhilft, freuen wir uns mit Ihnen. Seien Sie gewiss: Jesus lebt und redet auch heute zu uns durch sein Wort. Auf unsere religiösen Gefühle können wir uns nicht verlassen, aber dem Wort der Bibel können wir vertrauen. Wir wünschen Ihnen, dass auch Sie den Reichtum des Glaubens (neu) entdecken und sich von Herzen darüber freuen können.

Herzlich,
Jürgen und Brunhilde Blunck

Liebe Glücksuchende,

Hessisch-Sibirien? Öde Provinz? Plattes Land? Alles Quatsch! Nordhessen, früher am Zonenrand, heute in der Mitte Deutschlands gelegen, macht echt glücklich. Nicht nur seine Bewohner, sondern auch Urlauber, die am Edersee mediterranes Flair genießen, durch die Weltkunstmetropole Kassel flanieren, frischen Fisch aus Fritzlar auf den Teller bekommen oder mit dem Waldbademeister in den Knüllwald starten. Ich möchte auf den folgenden Seiten zeigen, was meine oft unterschätzte Heimat Märchenhaftes zu bieten hat.

Denn die Landschaft zwischen Bad Karlshafen, Bad Hersfeld, Willingen und Eschwege ist „Grimmheimat". In Kassel haben die Brüder Jacob und Wilhelm Grimm gelebt und gearbeitet – als Bibliothekare, Sprachforscher und Märchensammler. Viele Quellen für ihre berühmten Kinder- und Hausmärchen fanden sie vor 200 Jahren in den Dörfern rund um Kassel. In der mündlichen Überlieferung mischten sich Historisches und Fabulöses. Und heute? Einsame Wälder, trutzige Ritterburgen und Glückssucher kann man hier immer noch finden. Wer die Glücksorte in diesem Buch besucht, wird sehen: Die Märchenstimmung ist noch da, man kann sie erleben.

Ihr Lothar Simmank

Deine Glücksorte ...

... noch mehr Glück für dich

Von glücklichen Kühen

 Im Muhseum der Upländer Bauernmolkerei

„Die Kühe melkt man durchs Maul." Wenn Schulklassen das Mu(h)seum der Upländer Bauernmolkerei in Usseln besuchen, kommt es schon mal zu Aussprüchen wie diesem. Doch solche Missverständnisse kann man hier schnell aus der Welt schaffen: An einer hölzernen Kuh lässt sich eine Melkmaschine anschließen – an der richtigen Stelle natürlich. Und Gäste, die auf dem Melkschemel Platz nehmen und selbst am Modell Hand anlegen, können ganz genau sehen, wie die Milch aus dem Euter in den Eimer spritzt.

Der Eintritt in dieses originelle Museum rund um das Produkt Milch ist frei. Auf der Galerie im integrierten Café kann man frische Weidemilch trinken und dazu selbst gebackenen Kuchen essen. Und der Molkereiladen gleich nebendran präsentiert Leckeres von Käse über Joghurt bis hin zu Vollmilchschokolade, alles „bio" natürlich. Und woher kommt der Rohstoff? Von glücklichen Kühen, die an mindestens 120 Tagen im Jahr mindestens sechs Stunden auf saftig grünen nordhessischen Weiden und darüber hinaus grasen. 105 ökologisch zertifizierte Betriebe zwischen Paderborn, Fulda und Koblenz liefern heute jährlich 40 Millionen Liter Biomilch an die Bauernmolkerei. Im Muhseum können Besucher die bewegte Geschichte der einstigen Upländer Gebirgsmolkerei verfolgen, die bereits 1898 begann, aber erst in diesem Jahrhundert mit der konsequenten Umstellung auf das Motto „bio, regional und fair" so richtig aufblühte. Historische Requisiten zeigen, wie man früher Butter gemacht hat. Und das Melken – wie gesagt – ist eine Kunst für sich.

Am letzten Freitagabend im Monat dreht sich in Usseln ausnahmsweise einmal nicht alles um die Milch. Ein besonders schönes Erlebnis im historischen Gebäude: Edle Weine aus biologischem Anbau werden zusammen mit einer Vielfalt ausgewählter regionaler Biokäse-Spezialitäten kredenzt. Dazu gibt es für die angemeldeten Gäste eine unterhaltsame Lesung bei Kerzenschein und es wird Wissenswertes und Ku(h)rioses rund um Käse und Wein erzählt.

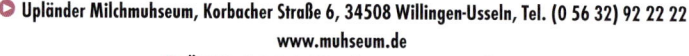

Upländer Milchmuhseum, Korbacher Straße 6, 34508 Willingen-Usseln, Tel. (0 56 32) 92 22 22
www.muhseum.de

ÖPNV: ab Bahnhof Usseln ca. 5 Minuten Fußweg

Frau Holles pinke Felder

2 *Mohnblüte am Hohen Meißner*

Die Pracht ist von kurzer Dauer, aber von Ende Juni bis Anfang Juli blüht auf den Feldern unterhalb des Hohen Meißners in Germerode der Klatschmohn in Knallrot und Schlafmohn in pastelligem Pink, so weit das Auge reicht! Viele Besucher aus nah und fern kommen in das Mohndorf, um sich verzaubern zu lassen.

Eigens angelegte Rundwanderwege mit herrlichen Weitblicken und vielen Ruhebänken führen teilweise auf strohbestreuten Pfaden direkt durch die Mohnfelder. Im Angebot sind geführte Wanderungen in der Morgendämmerung oder im Mondschein, Planwagentouren, Malkurse, essbare Mohnspezialitäten, Kunst und Kultur im Mohnfeld oder der Besuch des Mohnkinos in Germerode. Aber am glücklichsten macht es, einfach so durch Frau Holles Blumenwiesen zu streifen und den Augen ein kostenloses Vergnügen zu gönnen.

Wie kommt die Blütenpracht nach Germerode? Seit 2010 legt der Landwirt Björn Sippel vom Meißnerhof in Zusammenarbeit mit dem Geo-Naturpark Frau-Holle-Land und dem Kreisbauernverband im Dorf Mohnfelder an. Immer an anderen Stellen, denn der Mohn erfordert stetigen Felderwechsel. Deshalb ändert sich auch die Routenführung der drei bis vier Kilometer langen Mohnwanderwege jährlich. Der Anbau erfolgt übrigens mit offizieller Genehmigung der Bundesopiumstelle. Ohne die geht es nicht, denn schließlich lassen sich aus den Fruchtkapseln des Mohns Morphin und Codein gewinnen, also Substanzen, aus denen man berauschende Drogen herstellen könnte. Aber das wäre natürlich illegal und liegt dem Mohnbauern fern.

TIPP *Mohnblütenfelder gibt es auch im 23 Kilometer entfernten Ringgau-Grandenborn.*

Der Mohnrundweg führt vorbei am Kloster Germerode, einem Zentrum für Besinnung und Einkehr. Ein Stopp dort lohnt sich, nicht nur weil die romanische Klosterkirche und das Refektorium ein einzigartiges Kulturdenkmal darstellen. Auch hier macht der Mohn glücklich, denn in den historischen Mauern werden jedes Jahr die originellsten Bilder zur Mohnblüte im Rahmen einer Fotoausstellung präsentiert.

○ **Mohnblüte im Geo-Naturpark Frau-Holle-Land, Mohn-Parkplatz 1, Neuer Weg 10, 37290 Meißner-Germerode, Mohntelefon zum Blütenstand: (0 56 02) 93 56 17**
www.mohnbluetefrauholle.land
○ **ÖPNV: Bus 222, Haltestelle Germerode-Neuer Weg (ca. 5 Minuten Fußweg)**

Radeln wie auf Schienen

 3 *Der Ederseebahn-Radweg im Waldecker Land*

Eigentlich müsste es auf dieser Radstrecke ständig rauf und runter gehen, denn schließlich strampelt man mitten durchs bergige Waldecker Land. Aber der durchgängig asphaltierte Radweg meint es gut mit Pedalrittern: Die Steigung von maximal zwei Prozent ist lässig zu bewältigen – durchaus familientauglich also. Es fährt sich wie auf Schienen. Kein Wunder, denn der alte, ebene Bahndamm der ehemaligen Ederseebahn, auf dem früher die Gleise lagen, wurde umfunktioniert und macht heute Radfahrer glücklich.

Zu Beginn des letzten Jahrhunderts transportierten Dampfloks Arbeiter, Material und Maschinen zur Großbaustelle der Edersee-Sperrmauer. Einst verband die Ederseebahn sogar Amsterdam mit der Kurstadt Bad Wildungen. Doch das ist lange her. Auf einer Teilstrecke von 26 Kilometern Länge führt der spektakulärste Radwanderweg Nordhessens heute von der Hansestadt Korbach bis nach Edertal-Buhlen. Das Besondere: Man rollt nicht nur völlig unbehelligt von Autos zwischen Wiesen und Feldern entlang, sondern die abwechslungsreiche Strecke passiert

TIPP Am Startpunkt gibt es einen Schlauchautomaten.

zwischendurch dunkle, feuchte Tunnel und führt über hoch aufgeschüttete Bahndämme und Brücken mit herrlichen Aussichten. Das Highlight ist das 28 Meter hohe und 180 Meter lange Selbacher Viadukt – von unten betrachtet fliegen die Radlergruppen als kleine bunte Punkte über diesen tiefen Taleinschnitt.

Der alte Bahnhof des Waldecker Ortsteils Netze beherbergt heute das Pfannkuchenhaus. Also einfach runter vom Sattel und die Räder anlehnen, denn Pausen gehören schließlich zu jeder Radtour. Wie der Name schon sagt, wird den Gästen im Garten und im alten Bahnhofsgebäude eine große Auswahl an herzhaften und süßen Pfannkuchen angeboten. Wer am Zielpunkt Buhlen noch nicht außer Puste ist, kann die Strecke um wenige Kilometer verlängern und die Tour mit einem erfrischenden Bad im nahen Edersee abrunden.

🔘 **Ederseebahn-Radweg, Startpunkt Wildunger Landstraße 40, 34497 Korbach**
www.edersee.de/touren/ederseebahn-radweg
🔘 **Pfannkuchenhaus, Edertalstraße 3, 34513 Waldeck-Netze, Tel. (0 56 34) 99 48 84**
www.pfannkuchenhaus-netze.de
🔘 **ÖPNV: ab Bahnhof Korbach-Süd ca. 3 Minuten Fahrzeit bis zum Radweg**

Ein Riesentheater

4 · *Bad Hersfelder Festspiele unter freiem Himmel*

Die größte romanische Kirchenruine der Welt steht mitten in Bad Hersfeld. Aber nicht die Historie macht den mächtigen Sakralbau zur Attraktion, sondern das, was in seinem Inneren passiert. Denn die ehemalige Kirche ist heute ein Theater mit einer Bühne, die Platz bietet – 1.400 Quadratmeter, um genau zu sein. Ein gigantischer Spielort für immer neue ideenreiche Inszenierungen von Dramen und Komödien, Kinderstücken, Musicals und Konzerten. Für Stücke und Darsteller, die das Publikum begeistern und Augen und Ohren beglücken.

Jeden Sommer zur Festspielzeit geben sich Schauspieler-Berühmtheiten in diesem Freilichttheater ein Stelldichein. Und das seit Jahrzehnten, denn die ersten Festspiele fanden schon 1951 statt. Oft sind es Prominente, manchmal laufen sogar Weltstars bei der Premierenfeier über den roten Teppich und lassen sich fotografieren. In den 1960ern spielte Theo Lingen in der Shakespeare-Komödie „Was ihr wollt" mit, in den 1970ern traten Götz George und Mario Adorf auf. Volker Lechtenbrink war mehrere Jahre Intendant. Tatort-Kommissar Richy Müller war bei der „Hexenjagd" dabei, und Rufus Beck gab den Mephisto. Auch internationale Größen wie Helen Schneider und Marianne Sägebrecht ließen sich in Bad Hersfeld sehen.

Auch wer keine Karte gekriegt hat, kann die einmalig schöne Kulisse alljährlich von Ende Juni bis Anfang September bewundern. Zum Beispiel bei einer Backstage-Führung. Oder abends, wenn sie stimmungsvoll beleuchtet ist. Dann nämlich lockt der Park vor der Ruine nicht nur Theaterfans, sondern auch Flaneure und Genießer zu einem kleinen Imbiss oder einem Gläschen Sekt an. Wenn die Fanfaren schmettern, geht's los: 1.636 Zuschauer finden unter dem Zeltdach in der ansonsten offenen Ruine einen gepolsterten Sitzplatz – und das nicht nur an lauen Sommerabenden. Nein, auch bei Wind, Regen und Kälte wird gespielt. Die Theatermaschine ist nicht zu stoppen und macht die Zuschauer bei jedem Wetter glücklich.

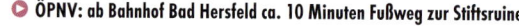

▶ Bad Hersfelder Festspiele, Am Markt 1, 36251 Bad Hersfeld, Tel. (0 66 21) 64 02 00
www.bad-hersfelder-festspiele.de
▶ ÖPNV: ab Bahnhof Bad Hersfeld ca. 10 Minuten Fußweg zur Stiftsruine

Macht hoch die Tür

⑤ *„Advent in den Höfen" in Fritzlar*

Durch ein großes Scheunentor, zwei Treppen hoch, über einen engen Flur und dann scharf links – plötzlich steht man in einer gut geheizten Stube vor Tischen mit selbst gestrickten Socken und Weihnachtsengeln aus Draht. Niemals wäre man an diesem versteckten Ort gelandet, gäbe es nicht den „Advent in den Höfen". Immer an einem Wochenende im Dezember ist es so weit: Die Dom- und Kaiserstadt Fritzlar stimmt auf das bevorstehende Weihnachtsfest ein. Es ist kein Weihnachtsmarkt im klassischen Sinn, sondern eine Art lebendiger Adventskalender für Entdecker. 16 Stationen verteilen sich über die Gassen der historischen Altstadt. Orientieren kann man sich bei diesem Erlebnisbummel an der Adventsbeleuchtung. Überall, wo ein roter Stern leuchtet, finden Besucher einen adventlichen Ort: zum Beispiel den Hof Winter in der Von-Hund-Gasse, Hof Erd in der St.-Wigbert-Straße oder den Mittelalterhof Türich am Hochzeitshaus.

Über 400 Fachwerkhäuser und jahrhundertealte Steinbauten stehen innerhalb der Stadtmauer, der einst mächtigsten Stadtbefestigung in Hessen. Wer möchte da nicht hinter die Fassaden schauen? Einmal im Jahr geht das problemlos. Die erste Veranstaltung dieser Art fand 2009 statt. Seitdem öffnen Fritzlars Bürger bereitwillig ihre Türen zu privaten und oft auch etwas versteckten Höfen und Scheunen. Mit Chören und Bläserensembles, Krippen- und Kunstausstellungen sowie Kunsthandwerk und Kulinarischem wird der Bummel durch die Altstadt zu einem ganz besonderen Erlebnis.

Zum Glück lassen sich in Fritzlar nicht nur im Advent Entdeckungen machen. Eine der schönsten deutschen Fachwerkstädte ist das ganze Jahr über geöffnet: staunen über den Marktplatz mit den spätgotischen Fachwerkbauten, der Rolandsstatue und dem Renaissancebrunnen. Dahinter der berühmte Dom, der auf den Missionar Bonifatius zurückgeht, der ganz in der Nähe die heidnische Donareiche fällte. All das kann man jeden Tag sehen. Zugang zu den Höfen aber bietet nur der Advent.

● „Advent in den Höfen", Stadtmarketing Fritzlar e. V., 34560 Fritzlar, Tel. (0 56 22) 98 86 43
www.fritzlar.de
● ÖPNV: Shuttle-Bus-Anbindung von ausgewiesenen Parkplätzen

Glück für den Gaumen

6 *Hotel Schloss Hohenhaus*

Der Blick aus dem Fenster des Gourmetrestaurants La Vallée Verte im Schloss Hohenhaus geht ins grüne Tal, nichts anderes bedeutet der Name. Doch so schön die nordhessische Natur ist, was die Augen auf dem Teller sehen, ist auch nicht schlecht. Im intimen Rahmen serviert Peter Niemann Feinschmeckern an nur 15 Plätzen edle Produkte aus der Region, die er in seinen Menüs mit Spezialitäten aus der Bretagne kombiniert. Der Küchen- und Hotelchef kennt alle Lieferanten persönlich, Kräuter, Pilze und Beeren kommen aus dem Garten. Wer es sich leisten kann, sollte seinem Gaumen diese Glücksmomente gönnen. Aber auch im volkstümlicheren Hohenhaus Grill, unter dem gleichen Dach, schmeckt es hervorragend. Fisch aus Gewässern der Gegend, selbst geschossenes Wild aus den umliegenden Wäldern, hausgeschlachtete Rinder für den leckeren Grill-Burger. Auch hier: Öko auf höchstem Niveau, alles gesund und im Einklang mit der Umwelt.

Wer im Fünfsternehotel Hohenhaus einkehrt – und manche Gäste schweben sogar auf dem eigenen Hubschrauber-Landeplatz ein – darf etwas

TIPP Besonderes erwarten, denn das Gut nimmt nachhaltigen

Immer am dritten Advent findet in der Fachwerkscheune der „Hohenhaus-Erlebnis-Weihnachtsmarkt" statt. und ressourcenschonenden Umgang mit der Natur ernst und bietet gleichzeitig unaufdringlichen Luxus. Für viele Ruhesuchende ist dies ein Alleinstellungsmerkmal in der Mitte Deutschlands, zumal die Größe der Anlage mit 22 Zimmern – demnächst soll sich diese Zahl verdoppeln –

für Exklusivität spricht. Aber auf dem weitläufigen Gelände trifft man nicht nur ein Upper-Class-Publikum, sondern ebenso fühlen sich Familien mit Kindern wohl. Und auch Neugierige, die nur mal auf eine Tasse Kaffee vorbeischauen oder den Hofladen besuchen wollen, sind willkommen.

Was können Gourmets unternehmen, wenn sie satt sind? Bewegung tut gut: schwimmen, Rad fahren, Tennis spielen und wandern. Wie gut, dass Hohenhaus fernab der großen Städte und auch der Dörfer liegt – 1.600 Hektar Natur an der ehemaligen Zonengrenze laden zu stundenlangen Wanderungen im grünen Tal rund ums Hotel ein.

⊙ **Hotel Schloss Hohenhaus, Hohenhaus 1, 37293 Herleshausen-Holzhausen, Tel. (0 56 54) 98 70**
www.hohenhaus.de
⊙ **ÖPNV: Hotelgäste können vom Bahnhof Herleshausen abgeholt werden.**
Ansonsten mit dem Pkw über die A4, Ausfahrt Herleshausen, von dort 5 Kilometer

Halloh!

 7 *Fotowanderung durchs Hutewäldchen*

Es gibt verwunschene Orte, die sich nur schwer erreichen lassen. Man muss Dornenhecken oder Wildbäche überwinden, auf Berge klettern oder Ruinen durchstöbern, um dorthin zu kommen, wo eine märchenhafte Welt auf den Besucher wartet. Beim Halloh-Wäldchen ist das anders. Es ist ganz leicht, in den wunderschönen Märchenwald zu gelangen: Am besten parkt man in Albertshausen in der Nähe des Dorfbrunnens und läuft eine kurze Strecke vom Ortsrand aus links über die geteerte Straße bis zum Waldrand. Doch wer dann unter das Blätterdach tritt und die uralten Baumskulpturen sieht, findet sich plötzlich in einer anderen Welt wieder. Die hölzernen Wesen, die sich auf einer überschaubaren Lichtung versammelt haben, scheinen zu leben. In der Fantasie der Betrachter werden die jahrhundertealten knorrigen Stämme zu Trollen und Riesen. Moosverzierte Wurzeln ziehen sich wie dicke Adern durch den Waldboden. Äste baumeln wie Urwaldschlingpflanzen in die Tiefe. Durch gespaltene Stämme können Kinder hindurchschlüpfen, andere Bäume bieten Höhlen für Vögel, Waschbären und Füchse.

Am besten den Fotoapparat mitnehmen, denn hier bekommt jeder Lust zu knipsen. Schaurig-schön ist es, sich den Eichen und Buchen an einem nebligen Herbstnachmittag durch raschelndes Laub zu nähern. Dann greifen die kahlen Zweige wie gespenstische Arme nach einsamen Spaziergängern. Aber auch das hellgrün leuchtende Laub im Wonnemonat Mai zaubert eine reizvolle Bildkulisse. Der Hutewald ist ebenso an heißen Sommertagen wie im frostigen Winter ein glücklich machendes Fotoziel. Hutewald kommt von „hüten". Aber „Halloh"! Die Bäume sind nicht einfach so gewachsen, sondern wurden hier vor vielen Jahren angepflanzt, um die Schweine des Dorfes mit Bucheckern und Eicheln zu mästen. Eine Infotafel erzählt vom einbeinigen Schweinehirten Johannes, der jeden Mittag ins Horn blies, woraufhin die Albertshäuser Bauern die Sau'n rausließen. Im Schweinsgalopp ging es dann ins Halloh-Wäldchen, wo das leckere Fressen wartete.

● **Hutewald Halloh, ca. 1 Kilometer südwestlich von 34537 Bad Wildungen-Albertshausen gelegen**
● **ÖPNV: Bus 512 H, Haltestelle Albertshausen (ca. 10 Minuten Fußweg)**

Klappstuhlkonzert

8   *Kultursommer am Frau-Holle-Teich*

Für den Kultursommer Nordhessen – ein Festival, das die Region jedes Jahr mit einer Fülle von hochkarätigen Veranstaltungen beglückt – gehört der Frau-Holle-Teich am Hohen Meißner als Spielort fest ins Programm. Es ist Kult, zu den legendären Klappstuhlkonzerten mit allerlei Sitzmöbeln unter dem Arm auf die Wiese am Waldrand zu pilgern. Vor dem Schilf am Weiher bauen ganze Familien die Reihen auf, Hunde wälzen sich im Gras, Kinder toben am Ufer. Wenn dann aber alle ihren Platz gefunden haben und beginnen, dem Flüstern der Bäume zu lauschen, wird es ganz still am Teich. Vor der Kulisse des Waldes hört man Gedichte und Geschichten.

Der Frau-Holle-Teich ist einer der schönsten und stimmungsvollsten Plätze – 600 Meter über NN schon fast ein Höhenort. Im Winter liegt hier oft Schnee, im Frühling ist der flache Tümpel Laichplatz für Frösche und Molche, und im Sommer und Herbst rasten Wanderer an seinen Ufern. Die tiefe Ruhe, die von dem Wasser ausgeht, zieht Menschen magisch an. Schon immer wurde dem Teich, der früher noch sehr viel tiefer war, eine positive Kraft nachgesagt: Es soll der Eingang zu Frau Holles unterirdischem Reich sein. Heute steht am Ufer eine drei Meter hohe, sehr figurbetonte Frau Holle aus Holz.

Hier kann man sie finden: Die arme Jungfrau im Grimm'schen Märchen, die am Brunnenrand sitzt und spinnt, der Spule hinterherspringt, auf einer Wiese erwacht, dann Frau Holle begegnet und die Betten schüttelt, dass die Federn wie Schneeflocken umherfliegen. Als Goldmarie kommt sie zurück, ihre faule Schwester aber endet als Pechmarie. Das Märchen geht auf uralte Sagen zurück. Denn Frau „Hulda" (oder Holle) gilt als Erdmutter und Spenderin des Lebens, die in der Tiefe unter Brunnen und Seen wohnt. Klar, dass noch vor nicht allzu langer Zeit Frauen in diesen Teich stiegen, um fruchtbar zu werden. Das passiert heute nur noch selten. Den meisten reicht der entspannende Blick aufs Wasser, um mit Frau Holle Kontakt aufzunehmen.

●●●

○ **Frau-Holle-Teich, 37290 Meißner, Anfahrt über L3242**
www.kultursommer-nordhessen.de
○ **ÖPNV: Bus 202 pendelt im Sommerhalbjahr zwischen Kassel und Eschwege,**
hält direkt am Teich am Wanderparkplatz Viehhaus

22

Geheimnisvoller See

9 *Der Asch im Bergpark Wilhelmshöhe in Kassel*

Manche Gewässer sind einfach da, weil es die Natur so wollte: Flüsse, Bäche, Tümpel, Seen, Meere. Dann wiederum gibt es solche, die von Menschen angelegt wurden: Kanäle, Teiche, Baggerseen, Staubecken. Zur letzteren Kategorie gehört der Asch im Bergpark Wilhelmshöhe in Kassel. Auch wenn er gar nicht so aussieht: Im Habichtswald oberhalb der Löwenburg gelegen, umgeben von alten Laub- und Nadelbäumen, ruht der romantische See, als wäre er schon immer hier gewesen. Spaziergänger können ihn entlang geschwungener Uferwege in einer Viertelstunde umrunden, auf einer Bank pausieren und dabei einen Reiher beobachten, der auf der kleinen Insel sitzt und sich im Wasser spiegelt. 1785 wurde der Asch, was mundartlich für „Topf" steht, als zusätzliches Reservoir für die Wasserspiele im Schlosspark Wilhelmshöhe angelegt. Da waren die berühmten Wasserkünste zwischen Herkules und Schloss zwar schon seit Jahrzehnten im Betrieb, aber noch nicht vollendet. Brunneninspektor Karl Steinhöfer erhielt damals von Landgraf Wilhelm IX. den Auftrag zum Bau eines weiteren Wasserfalls. Der Regent wollte die barocke Anlage nach englischem Vorbild umgestalten und romantische Akzente setzen. Dazu brauchte man aber mehr Wasser, denn die vorhandenen Staubecken reichten gerade für Kaskaden, Teufelsbrücke, Aquädukt und die Große Fontäne aus.

TIPP Bei den Wasserspielen kommt das Wasser pünktlich um 15:05 Uhr am Steinhöfer Wasserfall an.

Zwar wurden nicht alle Pläne des Landgrafen umgesetzt, aber der sogenannte Steinhöfer Wasserfall entstand – ein weiteres großartiges Landschaftsbild zur Inszenierung der Urgewalt des Wassers. Bis heute wird dieser Teil der Wasserspiele bei jedem Ablauf durch das Nass aus dem Asch gespeist. Doch wo kommt das eigentlich her? Das rauszukriegen macht Spaß: Wer es wissen will, wandert vom Seezufluss aus über einen idyllischen Waldweg den Aschgraben entlang. Das ist ein offener Kanal, in dem zu jeder Jahreszeit klares, eisenhaltiges Wasser fließt, das aus der alten Zeche Herkules kommt.

○ Startpunkt für den Weg zum Asch: Parkplatz neben Hotel am Herkules, Hüttenbergstraße 14–16, 34131 Kassel, Tel. (05 61) 31 68 00, www.museum-kassel.de
○ ÖPNV: Bus 22, Haltestelle Neuholland (ca. 30 Minuten Fußweg)

Bei den sieben Zwergen

 Im Schneewittchen-Haus in Bergfreiheit

Das Märchen von Schneewittchen ist eines der bekanntesten: Die schöne Königstochter landet auf der Flucht vor der neidischen Stiefmutter, die ihr nach dem Leben trachtet, bei den sieben Zwergen hinter den Bergen. In deren Häuschen versteckt sich Schneewittchen, führt der Zwergen-WG den Haushalt und wird schließlich doch noch von der bösen Stiefmutter vergiftet. Ein Königssohn entdeckt den gläsernen Sarg, verliebt sich in Schneewittchens Schönheit, die beim Transport ins heimische Schloss wieder zum Leben erweckt wird, sodass der Hochzeit nichts mehr im Wege steht.

So weit das Grimm'sche Märchen. Doch im nordhessischen Bergfreiheit stehen sie plötzlich leibhaftig vor uns – die sieben Tellerchen und Becherchen, die sieben Bettchen und die Zipfelmützen in der guten Stube von Schneewittchen und ihren kleinen Mitbewohnern. Das Einraum-Fachwerkhaus beherbergt eine überschaubare Erlebniswelt. Also heißt es, den Kopf einziehen und durch die niedrige Tür lugen. Eine schmale Treppe führt nach oben, wo ein Film gezeigt wird. Manchmal sind Schneewittchen und die sieben Zwerge auch tatsächlich zu Hause und sitzen an gedeckten Tischchen. Bei solchen Gelegenheiten hat die verkleidete Dorfjugend mindestens so viel Spaß wie die Besucher.

TIPP Auch das ehemalige Kupferbergwerk und das Bergamt kann man nach Anmeldung besichtigen.

Warum gerade in Bergfreiheit? Heimatforscher sind sicher, dass das Märchen hier seinen historischen Kern hat. Denn in der Bergmannssiedlung wurde im 16. Jahrhundert tatsächlich Erz abgebaut. Zum Arbeitseinsatz kamen dabei auch Kinder, die in den engen Schächten unter Tage schuften mussten. Ohne Sonnenlicht und in gebückter Haltung wuchsen sie nicht ordentlich und vergreisten frühzeitig – und sahen dann aus wie die Grubenzwerge im Märchen. Auch die verstoßene Königstochter gab es wirklich in Gestalt der schönen Prinzessin Margaretha von Waldeck, die von ihrer strengen Stiefmutter nach Brüssel verbannt wurde. Sie soll über das Siebengebirge gereist und 21-jährig an einer Vergiftung gestorben sein.

Schneewittchen-Haus, Kellerwaldstraße 27, 34537 Bad Wildungen-Bergfreiheit, Tel. (07 00) 23 74 93 75, www.schneewittchen.eu
ÖPNV: Bus 544, Haltestelle Bergfreiheit-Mitte (ca. 5 Minuten Fußweg)

Kraft der Mitte

 Besse im Schnittpunkt Deutschlands

Man nehme eine Deutschlandkarte und ziehe mit Bleistift und Lineal einen Strich vom nördlichsten Punkt zum südlichsten und dann vom westlichsten zum östlichsten. Im Schnittpunkt der beiden Linien liegt Besse, ein Ortsteil der Gemeinde Edermünde im Schwalm-Eder-Kreis. Genauer gesagt muss man den Punkt etwas außerhalb der Ortschaft suchen, nämlich auf einer idyllischen grünen Wiese mit den Geokoordinaten 51° 13' 15.26264" nördliche Breite und 9° 21' 27.28271" östliche Länge.

Eine drei Meter hohe Basalt-Stele markiert dort recht unspektakulär die geografische Mitte Deutschlands. Doch es gibt noch andere Mittelpunkte. Diesen kann man nämlich nach unterschiedlichen Methoden bestimmen. Der geometrische Schwerpunkt etwa würde im thüringischen Niederdorla liegen. Nimmt man die deutschen Gewässer zum Festland dazu, wäre es Silberhausen im Eichsfeld. Und dann gibt es noch den Bevölkerungsmittelpunkt, zu dem alle Einwohner Deutschlands durchschnittlich den kürzesten Weg haben – das wäre Spangenberg, das immerhin auch in Nordhessen liegt.

Doch hier oberhalb von Besse erlebt man die Kraft der Mitte auf einer schlichten Holzbank, von der aus sich ein herrlicher Blick über die Landschaft des Chattengaus bis hinüber zur Söhre bietet. Die Bäume des nahen Habichtswalds rauschen im Wind. Kann man Heimat hören? Ein kleiner Fußweg schlängelt sich durch die Wiese bis zur Säule und einer Infotafel, die noch einmal die Koordinaten in Erinnerung ruft. Die Zahlen sind schnell wieder vergessen. Was bleibt, ist das Gefühl, dass man hier oben in sich selbst ruht: in der eigenen Mitte, im Zentrum Deutschlands, mitten in Europa. Das ist vielleicht nicht der Mittelpunkt der Erde, aber wo ist der schon auf der Oberfläche einer Kugel? Überlassen wir das Grübeln anderen und seien wir glücklich darüber, einfach mitten in der Natur zu sein.

○ „Wanderparkplatz Mitte Deutschlands" im Naturpark Habichtswald, über Röderweg
in 34295 Edermünde-Besse
www.grimmheimat.de/media/attraktionen/mitte-deutschlands
○ ÖPNV: Bus 402, Haltestelle Besse-Mitte (ca. 30 Minuten Fußweg bergauf)

 28

Welch ein Ausblick!

12 *Kraxeltour auf die Weidelsburg bei Ippinghausen*

Manchmal macht Schwitzen glücklich. Nicht nur in der Sauna, sondern auch beim Wandern. Besonders dann, wenn man nach der Anstrengung des Aufstiegs mit einem fulminanten Rundumblick belohnt wird. Eine Kraxeltour auf die Weidelsburg hat genau diesen Effekt: Vom Turm der Ruine aus sind die rund 50 Kilometer entfernten Sauerland-Berge gut zu sehen: der Kahle Asten und die Sackpfeife.

Nordhessens größte Burganlage liegt südlich von Ippinghausen auf einem fast 500 Meter hohen Basaltkegel. Sie ist eine von 20 ehemaligen Burgen des Wolfhager Landes. Die verfallene Burg ist heute ein beliebtes Ausflugsziel und herausragendes Kulturdenkmal in der Region. Und sie ist ein Ort, der Weitsicht ermöglicht – zumindest für diejenigen, die sich nicht scheuen, den Berg zu erklimmen. Keine Angst: Es sind nicht einmal zwei Kilometer – aber eben steil bergauf.

Bei einer Burgführung wird gern die Sage von der hessischen Weibertreue erzählt: Einst lebte der streitsüchtige Ritter Reinhard von Dalwigk (1400–1461) auf der Weidelsburg. Als seine Festung belagert wurde, musste sich der Ritter ergeben und wurde gezwungen, die Weidelsburg zu verlassen. Alle Bewohner sollten getötet werden. Nur Reinhards Frau Agnes wurde im Gegensatz zu den Männern freier Abzug gestattet. Sie und ihre Mägde durften mitnehmen, was sie tragen konnten. Und siehe da: Als sie die Burg mit ihren Männern auf dem Rücken verließen, musste der belagernde Landgraf die Frauen mit ihrem Schatz ziehen lassen. Später verlor die Burg an Bedeutung, bereits um 1600 war sie eine unbewohnte Ruine. Das Interesse an der Ruine erwachte wieder in den 1930er-Jahren. Man begann, die Mauern freizulegen, aber erst im neuen Jahrtausend wurde die Weidelsburg mit großem Aufwand teilrestauriert und für Besucher zugänglich gemacht. Ein Förderverein leistet Aufbauarbeit und sorgt für die wissenschaftliche Erschließung. Erhalten sind hohe Mauer- und Turmreste, wuchtige Palastbauten, Burgtore und Zwinger – und die tolle Aussicht.

TIPP Der Premiumwanderweg Habichtswaldsteig (Zierenberg bis Edersee, 85 Kilometer) führt an der Weidelsburg vorbei.

🔘 Weidelsburg, Weidelsburgstraße, 34466 Wolfhagen-Ippinghausen, Tel. (0 56 92) 98 98 22
www.weidelsburg.de
🔘 ÖPNV: Bus 110, Haltestelle Ippinghausen-Mitte, Hinweisschild „Weidelsburg" folgen
(ca. 25 Minuten Fußweg)

Wahrzeichen im Spot

13 *documenta-Laserlicht zum Herkules*

Hoch über Kassel thront seit 300 Jahren der Herkules. Nicht nur für die Stadt, sondern für ganz Nordhessen ist der Gigant aus Kupfer ein Wahrzeichen, das man von weit her sieht. Einmal in der Woche trifft ein gewaltiger Laserstrahl, der dem Kinofilm „Star Wars" entlehnt sein könnte, auf die monumentale Statue und macht den Herkules auf diese Weise noch prominenter, als er ohnehin schon ist. Wie ein überdimensionaler Fingerzeig am Nachthimmel setzt der Laserscape das Kasseler Wahrzeichen in Szene. Die spektakuläre Installation ist ein documenta-Kunstwerk, das erstmals zur Weltkunstschau 1977 von dem inzwischen verstorbenen Künstler Horst H. Baumann geschaffen wurde.

Bis heute sind die Laserkanonen im ehemaligen Observatorium des Zwehrenturms im Museum Fridericianum aufgestellt, also am Stammsitz der internationalen Ausstellung für zeitgenössische Kunst – der documenta. Jeden Samstag leuchtet der Laser von Einbruch der Dunkelheit bis ca. 1 Uhr nachts. Eigentlich ist es ein Lichtnetz, das von dort Orangerie, Karlsaue und Landesmuseum anstrahlt. Zwei Strahlen reichen über sieben Kilometer bis nach Wilhelmshöhe zum Herkules-Oktogon. Aus umgekehrter Perspektive sehen nächtliche Besucher des Herkules, wie ein grüner und ein roter Laserstrahl aus der Stadtmitte kommend entlang der schnurgeraden Wilhelmshöher Allee auf das Wahrzeichen zuschießen und sich punktgenau an den Mauern des Oktogons brechen. Als Landgraf Karl den griechischen Halbgott hier oben installieren ließ, wurde der Berg für den barocken Fürsten zum Glücksort, denn das eindrückliche Bauwerk symbolisierte wie kein anderes seine Herrschermacht. Und heute? Die Zeiten Karls sind lange vorbei, trotzdem ist der Herkules für viele Besucher ein Glücksort geblieben. Und jeden Samstag holt der Laser den Herkules gewissermaßen auf den Boden der Tatsachen zurück, indem er ihn optisch mit der Stadtgesellschaft verbindet, denn der Herkules über dem Lichtermeer Kassels gehört allen. Das kann man von hier oben am besten sehen.

● Herkules, Schlosspark 28, 34131 Kassel-Bad Wilhelmshöhe, Tel. (05 61) 31 68 00
www.museum-kassel.de
● ÖPNV: Bus 22, Endhaltestelle Herkules

Die Glücksmaschine

14 *Himmelsschaukel am Habichtswaldsteig*

Es ist wissenschaftlich erwiesen: Schaukeln macht glücklich! Verantwortlich für das selige Gefühl beim Hin-und-her-Schwingen ist der Vestibularapparat im Innenohr des Menschen, das Gleichgewichtsorgan. Fliegende Haare, Kribbeln im Bauch, der Rhythmus des Auf und Ab sorgen beim Schaukeln für einen lustvollen Zustand zwischen Erdanziehung und Schwerelosigkeit. Der Mensch fühlt sich auf der Schaukel unbewusst in die wohlige Zeit im Bauch der Mutter zurückversetzt – sagt die Forschung. Ist das der Grund, warum sich Kinder wie Erwachsene auf die Himmelsschaukel stürzen, sobald das Sitzbrett frei wird? Wie ein knorriger Riese steht sie da neben der steinernen Warte auf dem Märchenrastplatz bei Naumburg. Fünf Eichenstämme sind miteinander zu einem monumentalen Gebilde verschraubt. An zwei langen Ketten baumelt der Sitz, der große und kleine Schaukelnde je nach Schwung von ganz oben nach tief unten katapultiert. „Fühl dich wie auf den Schwingen des Habichts" lautet das Motto dieser Glücksmaschine – frei und leicht und weit.

Von oben bieten sich den Schauklern fantastische Weitsichten über freie Kuppen, im nächsten Schwung auf den Kirchturm von Naumburg. Der Blick endet erst am Horizont des Habichtswalds. Noch ein paar Meter höher kommen Kletterer über die stählerne Leiter der Warte, eines mittelalterlichen Wachturms zwischen Naumburg und Altenstädt. Einst diente er strategischen Interessen: Hatte der Wächter von hier aus einen Feind entdeckt, rannte er los, um die Naumburger vor der drohenden Gefahr zu warnen.

Heute nimmt ein Hase Reißaus, wenn ein Auto naht, und rennt, die langen Löffel ausgestreckt, über den Acker Richtung Stadt. Autos sind hier nämlich selten, Wanderer dominieren. Der Grund: Naumburg ist eine Etappe auf dem Märchenlandweg, einem Fernwanderweg durch Nordhessen, Südniedersachsen und Ostwestfalen. Auch der Habichtswaldsteig von Zierenberg zum Edersee kreuzt hier. Die Himmelsschaukel ist ein schöner Anlass, die Wanderschuhe einmal auszuziehen.

··

▶ Zur Himmelsschaukel von 34311 Altenstädt kommend auf der Landstraße L 3215 vor Naumburg rechts in den Feldweg zum Märchenrastplatz Alte Warte einbiegen (ca. 500 Meter)
▶ ÖPNV: Bus 55, Haltestelle Altenstädt-Mitte (ca. 20 Minuten Fußweg)

Grenzenlos glücklich

 Brücke der Einheit über die Werra

Trockenen Fußes käme ohne sie niemand über die Werra: Die 225 Meter lange Brücke zwischen dem hessischen Philippsthal und dem thüringischen Vacha tut seit Menschengedenken das, wozu Brücken da sind, sie verbindet nämlich zwei Städte miteinander. Jahrhunderte war das so. Doch dann wurde die alte Handelsstraße von Frankfurt nach Leipzig an dieser Stelle für 30 lange Jahre brutal unterbrochen. Nichts ging mehr: die Flusslandschaft zerschnitten, Familien getrennt, ja sogar Häuser geteilt.

Denn die innerdeutsche Grenze verlief durch die Werra. Der Weg aus der DDR in die Bundesrepublik und umgekehrt war trotz intakter Brücke von 1961 an versperrt. Massive Mauern, Wachtürme, Stacheldraht standen da, wo heute wieder Spaziergänger und Radfahrer unbehelligt von hüben nach drüben kommen. Bis zum Mauerfall im Jahr 1989, als der Beton mit Kränen weggeschafft wurde und die Menschen nachts über die Brücke strömten. „Der 9. November ist ein Glückstag", sagen Politiker aus Ost und West heute, wenn sie den Jahrestag der Grenzöffnung feiern. Die inzwischen aufwendig sanierte Brücke zwischen Philippsthal und Vacha ist ein Symbol der Wiedervereinigung Deutschlands.

TIPP *Die nahe gelegene Gedenkstätte Point Alpha ist ein einzigartiger Lernort zur deutschen Geschichte.*

Von großem Symbolwert ist auch das überdimensionale DDR-Ampelmännchen, dem man auf der Vacha-Seite begegnet. Knallgrün und vier Meter hoch marschiert es lustig Richtung Osten. Der Frankfurter Künstler Ottmar Hörl hat sein „Einheitsmännchen" im Rahmen des Projekts „Grenzen überwinden" an der einstigen Grenzbrücke postiert. Es soll dort für eine enge Zusammenarbeit der benachbarten Kommunen Vacha, Philippsthal und Dorndorf werben.

Noch Lust auf Bewegung? Eine besondere Grenzerfahrung vermittelt die 13-Kilometer-Wanderung von Philippsthal über die Werrabrücke nach Vacha und dann weiter entlang der Zonengrenze bis zur Gedenkstätte Point Alpha. Der Weg führt über das sogenannte Grüne Band, den längsten Biotopverbund Deutschlands. Der ehemalige Todesstreifen wurde zur Lebensader. Zum Glück.

Brücke der Einheit zwischen 36269 Philippsthal und 36404 Vacha
www.pointalpha.com
ÖPNV: Bus 300, Philippsthal, Haltestelle Abzweig Bahnhof

Cinema Natura

16 *Kunstpfad von Ars Natura bei Nausis*

Manchmal muss man nach dem Glück länger suchen. Zum Beispiel auf der Metzebacher Höhe. Es ist nicht einfach zu finden, wenn man auf dem Wanderparkplatz ankommt. Doch ein Schild weist in die richtige Richtung. Fünf Minuten über einen Wiesenweg der Nachmittagssonne entgegen – bis die Kuppe ins Tal abfällt und sich eine grandiose Aussicht über das nordhessische Bergland eröffnet. Hier ist es – das Glück.

Sieben Kinostühle aus Eiche und Stahlrohr hat die Hannoveraner Künstlerin Luzia Lippert in die Landschaft gestellt. Ihre Installation „Cinema Natura" darf benutzt werden – zum Schauen, zum Ausruhen, zum Erleben. Ein Landschaftskino mit 360-Grad-Panorama. Den Film, der dort läuft, beschreibt die Künstlerin so: „Natur im wechselnden Licht von Morgen und Abend, von Frühling, Sommer, Herbst und Winter, die täglich eine andere Art Aufführung sichert."

Es ist Entschleunigung pur, was hier Augen und Ohren geboten wird: tief unten das Dorf Obergude. Ab und zu bellt ein Hund, kräht ein Hahn, tuckert ein Trecker. Ein Motorrad schraubt sich über enge Kehren die Landstraße hinauf. Dann wieder Stille. Und Spannung: Was passiert als Nächstes? Die Sonne wandert, unglaublich langsam schiebt sie sich über die Felder des Gudetals, über den Alheimer, Hausberg der Stadt Rotenburg an der Fulda, und über das dahinterliegende Knüllgebirge. Mehr passiert nicht, aber auch nicht weniger.

Die Installation gehört zu den Kunstwerken des Ars Natura. Im Rahmen dieses Projekts entstanden entlang von 700 Kilometern Fernwanderwegen abwechslungsreiche Kunstpfade. Im Abstand von etwa einem Kilometer begegnen dem Wanderer Bilder, Skulpturen, Figuren von in- und ausländischen Künstlern, meist aus ökologischen Materialien gefertigt. In Verbindung mit den besonderen Standorten in der nordhessischen Natur unterstreichen oder kommentieren sie die Schönheit der Landschaft. Noch ist das Projekt nicht abgeschlossen, neue Ars-Natura-Strecken in Nordhessen und benachbarten Regionen kommen dazu.

▶ Cinema Natura am Panorama-Rundweg Nausis (4 Kilometer), ca. 300 Meter vom Wanderparkplatz
Metzebacher Höhe an der L 3304 zwischen 34286 Spangenberg-Metzebach und
36211 Alheim-Obergude, www.ars-natura-stiftung.de
▶ ÖPNV: Bus 440, Haltestelle Nausis (Start des Rundwegs)

Mit Bildern erzählen

17 *Graphic Novels vom Kasseler Rotopol-Verlag*

Mittendrin in Kassels Vorderem Westen: Nebenan gibt's beim Friseur „Schicke Schnitte", auf der anderen Seite locken leckere Tapas, dazwischen ein Laden, der zunächst Rätsel aufgibt. Plakate, Magazine, Postkarten und vieles mehr steht auf den kleinen weißen Schaufenstern. Und in großen Lettern darüber: „Rotopolpress – ein Verlag für grafisches Erzählen". „Wir wollen die Grenzen dessen abtasten, was Illustration und Comic leisten können", erklärt Gründerin Rita Fürstenau die Idee ihres Kasseler Hauptquartiers.

Drinnen trifft der Besucher auf eine bunte Sammlung von Druck-Erzeugnissen: Bücher, Bilder, Kurioses – jede Menge Material zum Stöbern, Blättern und Gucken. Der Laden ist eine Mischung aus Galerie, Geschenke-Shop und Buchhandlung, wobei man hier allerdings nur ausgewählte Literatur bekommt, die man woanders vergeblich suchen würde. Die Chefin zieht eine Mappe aus dem Regal, handgebunden und in Shanghai von ihr selbst eingekauft. Ein chinesisches Märchen, das von einem blinden Mann und einem Elefanten handelt, kunstvoll mit Bildern und Schriftzeichen auf ein mysteriöses Papier gebracht, das seine Farbe je nach Temperatureinwirkung ändert.

Vorbei an langen Bilderbuch-Reihen erreicht man die Verlagsabteilung im hinteren Teil des Altbaus. Hier zeigt Rita Fürstenau ihre Buchtitel, und man begreift sofort: Comics können weitaus mehr sein als bunte Bildergeschichten zum Lachen. Graphic Novels sind oft humorvoll, bisweilen aber auch ernst bis düster. Als eigene Literaturgattung haben sie eine Heimat im Rotopol-Verlag, der mit einem internationalen Künstler-Netzwerk zusammenarbeitet. „Texte und Bilder gehören bei unseren Büchern zusammen", sagt die Kunstpädagogin, die in Kassel auch Visuelle Kommunikation studiert hat und das Experimentelle liebt. Manchmal wird die Verlegerin auch selbst zur zeichnenden Schriftstellerin. Etwa mit ihrem englischsprachigen Buch „In Winter", das in Worten und Bildern von der verhängnisvollen Begegnung einer Katze mit einem Habicht im Winterwald erzählt.

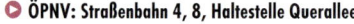

Rotopol-Verlag, Friedrich-Ebert-Straße 95, 34119 Kassel, Tel. (05 61) 6 30 55 83
www.rotopol.de
ÖPNV: Straßenbahn 4, 8, Haltestelle Querallee

Frohe Ostern!

 18 *Osterdekoration in Bad Wildungens Brunnenallee*

Jedes Frühjahr wickeln fleißige Hände in Bad Wildungen bunte Blumengirlanden um Geländer, sie pflanzen Tausende von Stiefmütterchen in Beete und hängen bunte Ostereier an Sträuchern auf. Ehrenamtliche Dekorateurinnen legen der Brunnenallee ihr farbenprächtiges Osterkleid an. Besonders die fantasievoll geschmückten Brunnen, die sich auf der Flaniermeile der Kurstadt aneinanderreihen, ziehen für vier Wochen bewundernde Blicke der Passanten auf sich. Kurgäste, Patienten aus Rehakliniken und Wellnesshotels freuen sich alljährlich gemeinsam mit Einheimischen und Touristen jeden Alters über die bunte Pracht. Alle paar Meter kann man stehen bleiben, denn es sind nicht weniger als neun große Brunnenanlagen in der Altstadt und im Kurviertel. Viele weitere Dekorationen, üppiger Blumenschmuck und eine fröhlich-bunte Schar von überlebensgroßen Osterhasen und Enten sorgen für Staunen und Begeisterung.

Natürlich macht das Schlendern über die Brunnenallee auch zu anderen Zeiten Spaß. Denn imposante Jugendstilfassaden zeugen vom Aufschwung Bad Wildungens zur Kurstadt im 18. Jahrhundert. Richtig schick ging es zeitweise zu, besonders als der Eisenbahnanschluss für internationales Publikum sorgte. Im Fürstenhof, heute eine Fachklinik am oberen Ende der Allee, gingen Zaren und Kaiser ein und aus. Dann folgten Flauten, zeitweise sah es nach einem Niedergang des Kurbetriebs aus.

Doch heute kann Bad Wildungen wieder fast anderthalb Millionen Gästeübernachtungen im Jahr zählen – nach Frankfurt die zweitmeisten in Hessen. Das Staatsbad wartet mit Helenen-, Georg-Viktor-, Reinhards- und Naturquelle auf, je nach Bedarf schlucken die Kurgäste eisen-, magnesium- oder kohlensäurehaltiges Wasser. An die Stelle der klassischen Trinkkur trat allerdings die medizinische Rehabilitation. Es gibt rund 20 Kliniken für alle möglichen Beschwerden. Fitness, Wellness und Beauty gewinnen zunehmend an Bedeutung. Das Heilwasser und die bunten Ostereier können aber alle genießen, nicht nur die Kurgäste.

▶ **Kur- und Tourist-Information, Brunnenallee 1, 34537 Bad Wildungen, Tel. (0 56 21) 9 65 67 41**
www.bad-wildungen.de
▶ **ÖPNV: Stadtbus, Haltestelle Treffpunkt am Brunnenplatz**

 42

Berg der Wunder

19 *Auf dem Hasunger Tafelberg*

Die Holländer lieben es. Wenn sie über die A 44 aus dem Flachland durchs Ruhrgebiet nach Nordhessen kommen, erheben sich Hügelketten aus der Ebene. Mittelgebirge in schönster Form, die Alpen des kleinen Mannes gewissermaßen. Eine Bergkuppe nach der anderen gerät in Sicht. In Burghasungen geht es richtig los: An der Flanke des markanten Hasunger Berges klebt das 900-Einwohner-Dorf wie ein Wespennest. Also die Ausfahrt Zierenberg nehmen, am Museum parken, den Berg besteigen und von oben auf die Autobahn runtergucken.

Wie den südafrikanischen Tafelberg prägt eine abgeflachte Kuppe die Miniaturausführung in Burghasungen. Auf der grünen Hochebene grasen Kühe und Schafe, während unten der Verkehr vorbeirauscht. Im geheimnisvollen Bergteich plätschert Wasser, das der Legende nach unterirdische Verbindungen bis zur Fulda ins 20 Kilometer entfernte Kassel haben soll. Dagegen tatsächlich zu sehen sind Mauerreste: Denn vor tausend Jahren lebte hier ein Einsiedler, und wenig später wurde ein Kloster errichtet. Steine des einst reichen Benediktinerklosters Hasungen, das über dem Grab des heiligen Heimerad erbaut wurde und bis in die Reformationszeit existierte, sind zu besichtigen. Im Heimatmuseum des Ortes und an den Stationen des zweieinhalb Kilometer langen Eco-Wanderpfads erfahren Interessierte Näheres.

Heimerad muss übrigens ein etwas seltsamer Heiliger gewesen sein. Kein Kloster wollte ihn haben, deshalb führte er ein Leben als Wandermönch. Bevor er auf dem Hasunger Berg in einer Hütte sesshaft wurde, vertrieb man den verwahrlosten Asketen aus mehreren Orten, berichtet seine Vita. Doch gleichzeitig suchten viele Menschen bei ihm Rat und verehrten ihn, sogar Kaiserin Kunigunde war mit dem Mönch bekannt. Nach seinem Tod im Jahr 1019 wurde der Hasunger Berg zu einem Wallfahrtsort, an dem auch Wunder geschehen sein sollen. Heute sind es zumeist Erholungssuchende, die auf den Berg pilgern, die Fernsicht loben und sich über das Rauschen tief unten im Tal wundern.

Museum Kloster Hasungen, Hasunger Straße 21, 34289 Zierenberg-Burghasungen, Tel. (0 56 06) 51 91 25, www.kloster-hasungen.de
ÖPNV: Bus 110, Haltestelle Burghasungen (ca. 10 Minuten Fußweg)

Weiße Hügel im April

 20 *Kirschblüte in Witzenhausen*

Hanami, so heißen die Kirschblütenfeste in Japan. Wenn das ganze Land in ein rosa-weißes Meer von Kirschblüten getaucht ist, kommen Touristen aus aller Welt, um dieses Top-Event mitzuerleben. Ins nordhessische Witzenhausen reisen deutlich weniger Besucher, obwohl auch hier jedes Frühjahr ein ähnliches Schauspiel die Landschaft verzaubert: 150.000 Kirschbäume blühen im Werratal auf zahlreichen Plantagen in der Zeit von Mitte April bis Anfang Mai.

Für echte Kirschenfreunde ist die Blüte in Witzenhausen eigentlich noch viel toller als die in Asien. Denn während die japanischen Bäume nach dem üppigen Frühjahrsschmuck keine essbaren Früchte tragen, kann in Witzenhausen im Juni die Ernte des roten Steinobstes beginnen. Das Glück ist also vollkommen: Frühe und späte Sorten mit unterschiedlichem Süßegrad wachsen an den Hängen rund um die „Kirschen- und Universitätsstadt" und wollen gepflückt werden.

Schon Anfang des 19. Jahrhunderts war der Kirschenanbau ein wichtiger Erwerbszweig. Zu dieser Zeit besaß jede dritte Familie einige Dutzend eigener Bäume, was bis heute nachhaltig das Landschaftsbild prägt. Aber die Stadt – als Standort der Universität Kassel – hat sich in Sachen Kirschen auch wissenschaftlich einen Namen gemacht. Quasi als „Arche Noah der Kirschen" archiviert eine Obst-Genbank Material zum Erhalt alter Sorten.

TIPP Über den aktuellen Blütenstand sowie Kirschenwander- und Radwege informiert: Tel. (0 56 02) 93 56 17.

Doch zurück unter die weiß blühenden Kirschzweige, in denen im April die Bienen summen. Auf drei Kirschwanderwegen können wir die Blütenpracht zu Fuß durch Plantagen und Streuobstwiesen genießen. Auch einen Kirschradweg gibt es. Und der Kirschenerlebnispfad vermittelt an 17 Stationen interessante Infos und kleine Rätselaufgaben rund um die Süßfrucht. Man kann aber auch einfach nur auf einem der roten Liegestühle im grünen Gras liegen und anstrengungsfrei die weißen Hügel vor blauem Himmel anschauen – und darauf warten, dass sich irgendwann rote Punkte zeigen.

▶ **Startpunkt Kirschenerlebnispfad, Marktplatz, 37213 Witzenhausen**
www.kirschbluetefrauholle.land
▶ **ÖPNV: Cantus-Bahn, Haltestelle Bahnhof Witzenhausen (ca. 15 Minuten Fußweg bis Startpunkt)**

Minnesang im Märchenwald

21 *Die Pfeifenwippe der Burgruine Falkenstein*

Schwer zu spielen ist dieses Instrument nicht: Drei auf Bodenhöhe einge-baute Wippbalken sorgen für den Luftdruck, der die Pfeifen anbläst. „Er-zeugen Sie Klänge aus der Zeit des Minnegesangs!" fordert ein Schild auf. Also mit den Wanderschuhen auf die Balken steigen, ein wenig herum-hüpfen und der Pfeifenwippe ihre sechs Töne entlocken. So soll es im 13. Jahrhundert geklungen haben, wenn Walther von der Vogelweide und Co. ihre höfischen Liebeslieder vortrugen? Ehrlich gesagt: Von der musi-kalischen Seite des Minnesangs weiß man recht wenig. Aber auch wenn kein konzertanter Hochgenuss dabei herauskommt, passt dieser Spaß sehr gut ins Ambiente der Burgruine Falkenstein. Ein idyllischer Ort mitten im Märchenwald auf einer 462 Meter hohen Basaltkuppe in der Nähe von Elmshagen. Die noch sichtbaren Mauerreste stammen aus dem Mittelalter. Bewohnt wurde die Burg einst von der hessischen Adelsfamilie von Hund. Die Familie mit dem tierischen Namen hatte wenig Glück mit ihrem ex-ponierten Wohnsitz, denn schon um 1346 war er verfallen.

Während der Wanderer das letzte steile Stück zur Burg emporkeucht, stößt er auf eine Tafel mit der „Sage von den Hunden": Die Burgfrau von Falkenstein soll eine arme Frau abge-wiesen haben und wurde von dieser verwunschen. Sieben Kinder solle sie auf einmal bekommen! Als es so weit war, steckte die Herrin sechs der neugeborenen Jungen in einen Korb und befahl ihrer Magd, die angeblichen Hunde zu ertränken. Ein Edelmann aber rettete die Knaben und ließ sie taufen. Alle erhielten den Beinamen „Hund". Und die Mutter, die die Knaben ertränken wollte? „Die verdient, in ein Fass mit Nägeln gesteckt und den Berg hinabgerollt zu werden", sagte seine Frau. Und so soll es geschehen sein.

Nach dieser gruseligen Geschichte freut sich der Besucher umso mehr am Glück der Musik, denn auf Falkenstein geht es schließlich primär um Minnesang und Pfeifenwippe. Welch ein Glück, dass der Wanderer nicht in einem Nagelfass, sondern auf andere Art und Weise den Burg-berg herunterkommen kann!

TIPP **Rundweg zur Ruine (3 Kilometer): ab Wanderparkplatz Falkenstein an der K 85 vor Elmshagen**

○ **Burgruine Falkenstein, 34308 Bad Emstal**
○ **ÖPNV: Bus 59, Haltestelle Schauenburg-Elmshagen**

Wo der Prinz wohnt

 Im Bad Arolser Residenzschloss

Ein Schloss wie in Versailles wollte seine Durchlaucht im Fürstentum Waldeck haben. Also wurde im Jahr 1710 das alte Arolser Residenzschloss abgerissen und mit der Hilfe eines französischen Baumeisters ein Versailles im Miniaturformat gebaut. Es wurde an nichts gespart, besonders die Inneneinrichtung ließ Fürst Friedrich Anton Ulrich mit prachtvollen Möbeln, Stuck und Deckengemälden ausgestalten. Wer heute bei einer Schlossführung durch den weißen und den roten Salon schlendert, die Porträts im Kronprinzenzimmer in Augenschein nimmt und das goldene Prunkbett im blauen Schlafzimmer bewundert, bekommt eine Ahnung vom einstigen Stand gehobener Wohnkultur.

Die enorme Investition des damaligen Bauherrn führte zur Verschuldung des Kleinstaats. Aber noch heute lebt sein Nachfahre, der Prinz zu Waldeck und Pyrmont, samt Familie in einem Flügel des Schlosses. Der Unterhalt der Anlage dürfte allerdings nicht preiswert sein. Einkommen generiert unter anderem das Fürstlich Waldecksche Forstamt. Die Hofbibliothek ist ein bedeutender Kulturschatz. Für Hochzeiten, Taufen und andere familiäre Anlässe steht die Schlosskapelle zur Verfügung. Hochzeitspaare aus der Region können sich in geschichtsträchtigem Ambiente trauen lassen. In dieser Kapelle heiratete schon Prinzessin Emma den niederländischen König Wilhelm III. – daher die bis heute engen Beziehungen der Waldecker zu den Holländern.

TIPP In den Sommerferien heißt es bei Schlossführungen für Kinder ab acht: „Ich sehe was, was du nicht siehst".

Distanziert ist das Verhältnis der Arolser zur fürstlichen Familie keineswegs, man kann ihr beim Einkaufen in den netten Lädchen der Stadt begegnen. Für Annäherung sorgt auch der rund ums Schloss führende, anderthalb Kilometer lange und gut ausgeschilderte „Barocke Spazierweg". Dabei fällt auf: Nicht nur das Schloss, sondern die ganze Stadt Bad Arolsen ist ein Resultat der im Barock kunstvoll angelegten Straßen- und Landschaftsachsen. Vorbei am idyllischen Schlossteich und an einer Pferdekoppel führt eine Allee schnurstracks zum Wald und ins fürstliche Jagdgebiet – von hier öffnet sich der weite Blick bis in die Kasseler Berge.

▶ **Stiftung des Fürstlichen Hauses Waldeck und Pyrmont, Schloßstraße 27, 34454 Bad Arolsen, Tel. (0 56 91) 89 55 26, www.schloss-arolsen.de**
▶ **ÖPNV: ab Bahnhof Bad Arolsen ca. 2 Kilometer Fußweg, oder Bus 560, Haltestelle Schloss**

Schiff ahoi!

 23 *Mit dem Boot auf dem Edersee*

An einem strahlend schönen Sommertag ist der Edersee ein absolutes Muss. Es gibt viele Möglichkeiten, Nordhessens Tourismus-Highlight zu genießen. Man kann zum Beispiel über die Waldecker Uferpromenade zwischen Strandbad und Hafen schlendern und dabei den weißen Booten zuschauen, die über das Wasser gleiten. Das gibt einem ein Gefühl von Ferne und Ruhe. Doch noch schöner ist es, die Perspektive umzudrehen und selbst in so einer schwimmenden Nussschale zu sitzen und den Trubel an Land aus sicherer Entfernung zu beobachten. Auf zum Bootsverleih! In der Waldecker Bucht liegt eine schöne Auswahl am Steg, es ist alles dabei, was Freizeitkapitäne glücklich macht: klassische Ruderboote, bunte Tretboote, die aussehen wie VW-Käfer, und auch ansehnliche Jachten, auf denen sogar Großfamilien Platz finden. Wir entscheiden uns für eine Stunde Elektroboot, die so viel kostet wie ein komplettes Mittagsmenü, doch es lohnt sich allemal: Schon gleiten wir – gar nicht mal so langsam – über den flächenmäßig zweitgrößten Stausee Deutschlands. Leise klatschen Wellen an die Bordwand, während wir Kurs halten und aufpassen, den schnellen Segelbooten und den trägen Ausflugsschiffen nicht zu nahe zu kommen. 27 Kilometer lang ist der See – wenn man in alle Arme schippern wollte, wäre man sicher den ganzen Tag unterwegs. Richtung Sperrmauer geht es um einen Inselberg herum, der immer größer wird, je mehr Wasser in den Sommermonaten aus dem Stausee abgelassen wird, um die Schifffahrt auf der Weser zu ermöglichen.

Mit abgestelltem Motor treiben wir eine Weile herrlich schwerelos auf dem blauen Wasser. Dann Wendemanöver: Eine halbe Stunde ist um – Zeit für den Rückweg zum Anleger. Das hoch oben auf dem Berg thronende Schloss Waldeck gerät in den Blick. Die kleinen Punkte auf der Liegewiese des Strandbads werden größer, das Restaurant dahinter und die Eisbuden am Ufer lassen sich nun wieder genauer erkennen. Am Bootssteg bekommt das Wasserglück festen Grund unter die Füße.

TIPP Für Kinder: der „Park der Sinne" an der Uferpromenade mit seinen Spiel-, Klang- und Bewegungsobjekten.

◗ Bootsverleih Andree, Ederseerandstraße 6, 34513 Waldeck-West, Tel. (01 60) 93 28 87 50
www.bootsverleih-andree-edersee.de
◗ ÖPNV: Bus 510, Haltestelle Waldeck Strandbad (ca. 5 Minuten Fußweg)

Digital durchs Mittelalter

 24 *Video Walk im Kloster Haina*

Nichts als Bäume – und plötzlich sticht eine imposante Kirchturmspitze aus dem Grün. Man mag es kaum glauben, was da auf halbem Weg zwischen Kassel und Marburg plötzlich mitten im Wald auftaucht: Der Turm gehört zum Kloster Haina, einem der bedeutendsten frühgotischen Baudenkmäler Deutschlands. Die einsame, ja versteckte Lage passt zur Stille und Weltabgeschiedenheit mittelalterlicher Klöster. Im Inneren des Gotteshauses setzt sich dieser Eindruck fort: Wer die gewaltige und gleichzeitig schlichte Hallenkirche betritt, spürt den Geist der erhabenen Stille.

Gleichwohl müssen Besucher nicht vor Ehrfurcht erstarren, sondern können locker bleiben. Der Verein „Freunde des Klosters Haina" hat sich eine gefällige Form der Besichtigung einfallen und professionell umsetzen lassen: den Video Walk, hergestellt von der Kunsthochschule Kassel. Mit Smartphone oder Tablet folgt der Besucher einem kleinen Jungen durch das 800 Jahre alte Bauwerk und bleibt staunend an unterschiedlichen Stationen stehen – zum Beispiel an der Ornamentverglasung der Kirche. Das Besondere dabei: Mithilfe von Drohnenaufnahmen, die auf dem eigenen Bildschirm zu sehen sind, gewinnt man völlig neue Perspektiven und kann Details entdecken, die sonst verborgen geblieben wären, etwa Tiergesichter an den Säulen oder die Schlusssteine oben an der himmelhohen Decke. In 20 Minuten lernt man so auf unterhaltsame Weise viel über die Lichtkunst der Gotik und über mittelalterliche Handwerkskunst. Eine echte Glückserfahrung!

TIPP Anschauen: Ausstellung über den Goethe-Maler Tischbein im Haus an der Klostermauer.

Auffallend der sogenannte Philippstein: Das farbige Relief zeigt Landgraf Philipp von Hessen, der 1527 nach Einführung der Reformation die Mönche wegschickte und das Kloster säkularisierte. Die Erträge aus dem Klosterbesitz sollten zur Finanzierung eines Armenhospitals bestimmt sein. Und so kam es – und blieb es bis heute: Auf dem Gelände in Haina ist neben dem Kloster nun eine Klinik untergebracht, in der Menschen gesund werden können.

Kloster Haina, Landgraf-Philipp-Platz, 35114 Haina (Kloster), Tel. (0 64 56) 92 97 43
www.klosterhaina.de
ÖPNV: Bus 520, Haltestelle Haina (Kloster) (ca. 2 Minuten Fußweg)

Schweineglück

25 *In Metzger Neumeiers Wurschtekammer*

Fangen wir vorne an mit dieser Geschichte – bei den Schweinen. Es bringt ja nichts, so zu tun, als würden Würste auf Bäumen wachsen. Das findet auch Metzgermeister Carsten Neumeier. In seinem Stall, gleich hinter dem Laden in Walburg, liegen 18 rosa Borstentiere, alle von ihm persönlich ausgesucht. Neumeier lächelt, als er die Schweine sieht, und streichelt fast zärtlich über die Rüssel, krault die Ohren. Morgen ist Schlachttag. Aber die Tiere machen einen friedlichen Eindruck, zeigen keinerlei Stresssymptome, wie man es aus Schlachthöfen kennt. Ein glückliches Schweineleben bis zum letzten Tag?

Für Metzger Neumeier ist das wichtig, auch wenn er an seine Spezialität, die nordhessische Ahle Wurscht, denkt. Es darf keine Unruhe in die Herde kommen, denn das würde den Fleischgeschmack beeinträchtigen. Deshalb schlachtet er selbst, steht wie schon sein Vater und sein Großvater morgens um drei Uhr auf, legt die Messer bereit und macht aus dem noch schlachtwarmen Schweinefleisch Wurst – nur so geht es. „Ich kämpfe für die Ahle Wurscht", sagt Neumeier, der auf alte Rezepte schwört: „Bei mir kommen auch die guten Stücke rein." Fleisch, dazu Salz, Pfeffer, Kümmel, Knoblauch und am Ende noch ein Gläschen Rum.

TIPP *Teilnehmer an Schlachte- und Wurschtekursen können in hübschen hauseigenen Gästezimmern übernachten.*

Nicht mehr viele beherrschen die Handwerkskunst des Ahle-Wurscht-Machens. Ein Schwein ergibt rund hundert Würste. Entscheidend ist die Weiterverarbeitung, denn egal ob es eine Stracke oder eine Dürre Runde wird, die Wurst muss reifen, damit sie fest, aber mürbe wird: „Wenn man reinbeißt, muss es sich anfühlen wie Marzipan." Er nimmt Besucher gern mit zu seinem Glücksort – in die duftende Wurschtekammer im Dorf, wo auf zwei Etagen Tausende Würste von der Decke hängen: „Ist das nicht herrlich?", strahlt der Mann mit dem Filzhut. In der Fachwerkscheune mit Lehmwänden reifen die Würste je nach Härtegrad monatelang und verlieren dabei die Hälfe ihres Frischgewichts. Erst danach werden die meisten an Internet-Kunden in ganz Deutschland und um die halbe Welt verschickt.

▶ **Landfleischerei Carsten Neumeier, Rommeröder Straße 7, 37235 Hessisch Lichtenau-Walburg, Tel. (0 56 02) 45 48, www.ahle-wurscht.de**
▶ **ÖPNV: Bus 200, 290, Haltestelle Hess. Lichtenau-Walburg Wehrebrücke**

Sich treiben lassen

26 *Mit der Gierseilfähre über die Weser*

Beschaulich fließt sie dahin, die Weser – Grenzfluss zwischen Hessen und Niedersachsen. Vom nordhessischen Ufer in Veckerhagen kann man hinüber zum südniedersächsischen Hemeln schauen: Bunte Fachwerkhäuser, grasende Pferde, ein von hohen Bäumen umgebenes Dorfkirchlein locken zum Ausflug ins „Ausland". Es ist ja bekannt: Das Glück wartet immer dort auf einen, wo man gerade nicht ist.

Doch wie hinüberkommen ins Jenseitige? Die Straße endet im Wasser. „Vorsicht, Ufer!" warnt ein rotes Schilderdreieck. Zum Glück gibt es die Fähre, die tagsüber ständig hin und her pendelt und Fußgänger, Radfahrer, Autos und manchmal auch Tiere transportiert. Es ist keine normale Fähre, das merkt man gleich, wenn die schwimmende Plattform geräuschlos Richtung Ufer herangleitet, denn sie ist eine sogenannte Gierseilfähre. Die bewegt sich ohne den Antrieb von Motoren oder Segeln, sie hängt an dicken Stahlseilen, die über den Fluss gespannt sind. Die Strömung der Weser sorgt für den erforderlichen Schub, den der Fährmann ausnutzt, um mit Hilfe seines Ruders das andere Flussufer zu erreichen.

TIPP

Ein wunderbarer Wohlfühlort ist das Ladencafé Hygge an der Hemelner Kirche.

Für einen Euro pro Person bringt Fährmann Benjamin Bolte seit vielen Jahren Menschen hin oder her, für Fahrzeuge ist ein Aufpreis fällig. 16 Tonnen kann er maximal laden, das entspricht 45 Personen und sechs Autos. Besonders voll wird es auf der Fähre an schönen Sommertagen, wenn es Motorradfahrer in Scharen ins Hemelner Gasthaus „Zur Fähre" zieht – ein beliebter Biergarten und Biker-Treff.

Auch wenn sie nur wenige Minuten dauert, herrlich ist die geruhsame und umweltfreundliche Überfahrt! Bei hohem Wasserstand ist die Strömung stärker, und die Fähre bewegt sich schneller. Kritisch wird es bei Niedrigwasser, denn einen halben Meter Wasser unterm Boden braucht das Schiff, um nicht aufzusetzen. Wenn man dann glücklich drüben ist und von Hemeln aus ans andere Ufer nach Veckerhagen blickt, sieht Nordhessen noch schöner aus.

⊙ **Fähre Veckerhagen, Untere Weserstraße 2, 34359 Reinhardshagen, Tel. (0 55 44) 94 03 08**
www.fähre-veckerhagen.de
⊙ **ÖPNV: Bus 190, Haltestelle Wilhelmsplatz (ca. 5 Minuten Fußweg)**

Erinnerung ans Paradies

27 Im Kirch- und Bibelgarten St. Crucis

„Jeder Garten hält die Erinnerung an das Paradies fest", hat ein Besucher des Kirch- und Bibelgartens St. Crucis ins Gästebuch geschrieben. Was genau im Paradiesgarten wuchs, weiß man nicht – aber die Bäume, Büsche, Blumen und Kräuter in Bad Sooden-Allendorf zaubern eine Atmosphäre, die in der Tat an den Garten Eden denken lässt. Durch ein Tor in der Stadtmauer betritt man den ehemaligen Küstergarten, der 2007 direkt neben der St.-Crucis-Kirche mit viel ehrenamtlicher Hilfe entstanden ist. Ein schönes Wegenetz lädt zum Bummel ein. Je nach Jahreszeit grünt und blüht es auf den Beeten, die Besucher dürfen an den Blüten schnuppern und den würzigen Duft der Kräuter einatmen. Es sind nicht irgendwelche Pflanzen, die hier Wurzeln geschlagen haben, sondern 120 in der Bibel genannte Gewächse wurden ausgewählt. Voraussetzung: Die Pflanzen aus dem Heiligen Land müssen im rauen nordhessischen Klima gedeihen können.

Im oberen Teil des Gartens geht es thematisch um die Schöpfung und um die Passion – Ölbaum und Feige sind hier zu sehen. Und auch ein unscheinbarer, blau blühender Ysop-Strauch. Ein Schild stellt die Beziehung zu dem am Kreuz hängenden Jesus her. Im Johannesevangelium heißt es: Die Soldaten tauchten einen Schwamm in Essig, steckten ihn auf einen Ysop-Stängel und hielten ihn Jesus an die Lippen. Kaum zu glauben, wenn man die zarte Pflanze in natura betrachtet.

TIPP *Das Café Himmelspforte im Kirchgarten lädt im Sommer zu Kaffee und Kuchen ein.*

Im unteren Teil entdeckt man die Früchte des Feldes mit Disteln und Dornen – das biblische Gleichnis lässt grüßen. Überall verteilt im Garten: üppig blühende Rosen, die einen schönen Kontrast zu den alten Sandsteinmauern der Kirche bilden. Brunnen und Bänke laden zum Verweilen ein. Ein besinnlicher Ort, umso mehr, wenn man sich zuvor in der „Hörspielkirche" durch eine Geschichte zum Nachdenken hat anregen lassen. Dieses Programm findet in St. Crucis immer im September statt und macht das anschließende Gartenerlebnis noch schöner.

Kirch- und Bibelgarten, Kirchplatz 3, 37242 Bad Sooden-Allendorf, Tel. (0 56 52) 92198
www.kirch-bibelgarten.de
ÖPNV: Stadtbus A, Haltestelle Kirchstraße (ca. 5 Minuten Fußweg)

Konrad hoch zwei

28 *Die „wortreich"-Erlebniswelt in Bad Hersfeld*

Zwei Genies haben in der Stadt Bad Hersfeld gewirkt. Sie lebten zu unterschiedlichen Zeiten und befassten sich mit ganz verschiedenen Dingen. Aber eins haben sie gemein: den Vornamen. Konrad Duden (1829–1911) veröffentlichte das Universalwörterbuch der deutschen Sprache, und Konrad Zuse (1910–1995) erfand den weltweit ersten Computer.

Den beiden Konrads kommen Besucher der Erlebniswelt „wortreich" in Bad Hersfeld spielerisch auf die Spur. In einer ehemaligen Fabrikhalle, umgeben von einem schönen Park, haben die Macher das verbindende Thema der beiden Persönlichkeiten inszeniert: Kommunikation. „Man kann nicht nicht kommunizieren" steht in großen Lettern schon am Eingang. Weil der Schlüssel für ein harmonisches Zusammenleben also in der Kommunikation liegt, bedeutet ein Ausflug ins „wortreich" Spaß mit der ganzen Familie. Die vielen Facetten von Sprache und Kommunikation können Groß und Klein an 90 interaktiven Stationen erleben: zum Beispiel einen Ball nur mit der Kraft der Gedanken bewegen, als Sprachdetektiv Rätsel lösen, sich mit Tieren unterhalten, in einem Studio Hörspiele aufnehmen, zum Graffiti-Künstler werden, einen 3-D-Drucker ausprobieren oder mit Buchstaben Basketball spielen.

TIPP *Kostenfreier Einführungsvortrag jeden zweiten Sonntag im Monat.*

Und immer wieder begegnet man beim unterhaltsamen Rundgang durch dieses einzigartige Mitmach-Museum den beiden Hersfelder Größen: Der Schuldirektor Konrad Duden schuf mit seinem 1880 erschienenen Wörterbuch die Grundlage für eine einheitliche deutsche Sprache – jeder sollte nachschlagen können, wie man korrekt schreibt. Der Ingenieur Konrad Zuse hingegen trieb mit der Erfindung des Z1, des ersten Computers, letztlich die Beschleunigung der menschlichen Kommunikation voran. Seinen ersten Großrechner, der im „wortreich" fast einen ganzen Raum ausfüllt, nannte er „ein mechanisches Gehirn". Zuses Glücksvision war es, eine Maschine zu erfinden, die selbstständig ausführt, was man ihr sagt, ohne ihr immer wieder Befehle geben zu müssen. Ein überaus erfolgreicher Ansatz, wie man heute weiß.

● Museum wortreich, Benno-Schilde-Platz 1, 36251 Bad Hersfeld, Tel. (0 66 21) 79 48 90
www.wortreich-badhersfeld.de
● ÖPNV: ab Bahnhof Hersfeld ca. 10 Minuten Fußweg

Doch kein Hühnerstall

 Wagenfurth: Nordhessens älteste Fachwerkkirche

Beinahe würde es die schmucke Fachwerkkirche in Wagenfurth gar nicht mehr geben, und Radfahrer, die auf dem Fulda-Radweg R1 vorbeikommen, hätten hier keine romantische Pausen-Location. Denn die kleine Kapelle war fast 100 Jahre lang im Dornröschenschlaf. Genutzt wurde sie als Hühnerstall, Abstellraum und Spritzenhaus. 1875 wurde das verfallende Gebäude der politischen Gemeinde übereignet, keiner kümmerte sich mehr darum. Erst Jahrzehnte später gab es Bestrebungen, die Kirche zu retten: 1964 wurde sie saniert und wieder ihrer ursprünglichen Bestimmung zugeführt. Heute sind die Wagenfurther stolz, dass Nordhessens älteste erhaltene Fachwerkkirche in ihrem Dorf steht.

Gottesdienst für die Evangelischen unter den 140 Einwohnern Wagenfurths ist einmal im Monat. Größere Touristengruppen müssen sich das Kirchlein in Schichten anschauen, denn es passen maximal 30 Menschen zugleich ins Innere. Aber meist kommen Radler in überschaubarer Zahl vorbei, die sich eine Pause vom Sattel gönnen – und für die reicht der Platz immer. Auch draußen auf dem schön gestalteten Platz vor der Tür

TIPP Kirche täglich von 12 bis 18 Uhr geöffnet, Schlüssel bei Familie Lanzenberger gegenüber.

oder hinter der Kirche, wo die Fulda vorbeifließt, mag man sich gern aufhalten. Die Kirche ist offiziell als Radwegekirche registriert und lädt nicht nur zu Besinnung und Gebet ein, sondern ist auch ein Ort für die Rast und bietet Zugang zu Trinkwasser und Toiletten.

Über diesen praktischen Nutzen hinaus ist das niedliche Wagenfurther Kirchlein ein Bau von historischer Bedeutung. Errichtet um 1480 im spätgotischen Stil, wurde der zweigeschossige Rechteckbau mit seinen Holzgefachen und dem hervorragenden Giebel im Erdgeschoss als Kirche und im Obergeschoss lange als Fruchtspeicher genutzt. 500 Jahre später, und besonders seit der letzten Sanierung in den Jahren 1997/98, ist alles wieder in alter Pracht anzuschauen. Die Hühner müssen draußen bleiben.

● Kirche Wagenfurth, Untere Fuldatalstraße 12, 34327 Körle, Tel. (0 56 65) 10 73
www.radwegekirchen.de
● ÖPNV: Regiotram 5, Haltestelle Bahnhof Körle (ca. 20 Minuten Fußweg)

Zeit des Lichts

30 *Stimmungsvolle Kaufunger Stiftsweihnacht*

Nein, die Fachwerkfassaden des Stiftshofs in Oberkaufungen muss man sich nicht schöntrinken. Mit einem Becher Glühwein in der Hand sehen die warm leuchtenden Fenster allerdings noch heimeliger aus. Es ist alles echt, keine Deko. Der Berg mit der Stiftskirche bildet die perfekte Kulisse für den alljährlichen Weihnachtsmarkt am dritten Adventswochenende. In diesem authentischen Ambiente kann selbst winterkaltes Schmuddelwetter die gemütliche Vorweihnachtsstimmung nicht verderben.

Die Kaufunger Stiftsweihnacht wurde 2005 erfunden, weil ein Förderverein Mittel für die Renovierung der tausend Jahre alten Stiftskirche erwirtschaften wollte. Unter dem Motto „Handwerk und Kunst auf der Freiheit in Oberkaufungen" hat sich der romantische Markt vom Geheimtipp zum Publikumsmagneten weit über die Grenzen des Städtchens entwickelt. Die familiäre Atmosphäre blieb erhalten. Verführerische Düfte ziehen durch den Innenhof des ehemaligen Klosters: Bratwurst vom Grill, dampfende Linsensuppe, Feuerzangenbowle und gebrannte Mandeln, dazu neue Herausforderungen für die Nase: „Schippeln" – eine regionale Köstlichkeit aus gebackenen Kartoffeln mit Leberwurst. In der Scheune daneben steht man für einen Wild-Burger an. Oder man freut sich auf Reibekuchen mit Apfelmus.

Ebenso originell wie das kulinarische ist das kunsthandwerkliche Angebot: Aus ganz Deutschland reisen rund 50 Aussteller an, um ihre ausgefallenen Produkte zu präsentieren. Filzer, Holzkünstler, Maler, Kerzenzieher, Seifenmacher, Goldschmiede, Töpfer und Papierveredler bieten Nützliches und Dekoratives – besondere Geschenke für jeden Geschmack. Und den Weihnachtsbaum kann man gleich mitnehmen, frisch geschlagene Tannen stehen direkt bereit. Übrigens: Nicht nur zur Weihnachtszeit lohnt es sich, einen Blick in die monumentale Stiftskirche zu werfen oder dort eines der vielen Konzerte zu besuchen. Das Innere der 1017 von Kaiserin Kunigunde gestifteten Basilika erstrahlt tausend Jahre später in neuem Glanz.

⊙ Stiftsweihnacht, Zur Schönen Aussicht 6, 34260 Oberkaufungen, Tel. (0 56 05) 66 00
www.foerderverein-stiftskirche-kaufungen.de/stiftsweihnacht
⊙ ÖPNV: Shuttlebus vom P+R-Parkplatz „Festplatz Kaufungen" direkt zum Tor der Stiftsweihnacht

Versunkene Welten

31 *Brücke Asel im Edersee*

Von Zeit zu Zeit gewährt die Natur spannende Blicke auf den Grund des Edersees – und das nicht nur Tauchern, sondern auch Spaziergängern. Im Herbst, wenn das Talsperrenwasser seinen Tiefstand erreicht, taucht mit etwas Glück das Edersee-Atlantis auf. Dann kann man durch das ausgetrocknete Seebett wandern und sich auf die Spuren einer geheimnisvollen Welt begeben, die sonst verborgen bleibt.

Besucher können zwischen den Ruinen der überfluteten Dörfer zum Beispiel das alte Kopfsteinpflaster des Örtchens Berich entdecken – wenn das Wasser noch weiter absinkt, auch die erst 1899 fertiggestellte Brücke über den Ederfluss und die Gräber des Friedhofs, die mit Betonplatten versehen wurden. Anfang des 20. Jahrhunderts wurde das Dorf für das Projekt „Waldecker Talsperre" umgesiedelt – viele der 150 Bewohner fanden eine Heimat in Neu-Berich nahe Bad Arolsen. Zum Auszug 1914 soll der Dorfpfarrer gesagt haben: „In 100 Jahren wird sich niemand mehr daran erinnern, dass hier einst ein Dorf stand." In diesem Punkt irrte er: Die untergegangene Welt der Edersee-Dörfer zieht bis heute viele Menschen in ihren Bann.

TIPP In der kostenlosen App „Edersee-Atlantis" tauchen alte Orte wieder auf.

Am besten erhalten ist die Brücke des alten Dorfs Asel mit den charakteristischen vier Bögen. Hier stauen sich an manchen Tagen die zahlreichen Ausflügler auf dem Weg in die Vergangenheit. Anderswo ist es leerer: Bei Nieder-Werbe reckt sich eine Kirchturmspitze aus dem grünlichen Wasser des Edersee-Vorstaubeckens. Wo ist der Rest der kleinen Fachwerkkirche? Die Antwort: unter Wasser. Neun Höfe, eine Mühle und das alte Kirchlein, das wahrscheinlich aus dem 17. Jahrhundert stammte, wurden hier überflutet – Menschen und Gebäude mussten für die Talsperre dem Wasser weichen. Das Dorf Nieder-Werbe bekam vom preußischen Staat eine neue Kirche. Zum hundertjährigen Jubiläum des Edersees baute man 2014 den alten Kirchturm mit Schieferdach und Wetterhahn originalgetreu nach und setzte ihn auf die Wasseroberfläche. Versunkene Welten kann man hier an vielen Stellen entdecken.

⊙ Brücke Asel, Asel-Süd 1, 34516 Vöhl und „Dorfstelle Berich", Schilder an der Ederseerandstraße zwischen Waldeck und Nieder-Werbe, www.edersee.com
⊙ ÖPNV: Dorfstelle Berich: Bus 510, Haltestelle Strandbad (ca. 10 Minuten Fußweg), Asel-Süd: per Anrufsammeltaxi (www.nvv.de)

Schnuddeln mit Lisbeth

32 *Jedermann-Stadtführungen in Melsungen*

Mit ihrem Strickzeug sitzt sie auf der Brüstung der Melsunger Bartenwetzerbrücke und wartet nur darauf, angesprochen zu werden. Lisbeth, oder wie man in Nordhessen sagt „s'Lisbeth", weiß viel über die Leute in ihrem Heimatstädtchen und behält all die Geschichten nicht gern für sich. Wenn sie anfängt zu „schnuddeln", muss alles raus: Warum „der Fischer sinne Aale ufgehängt hat", für wen der kleine Adam beim Metzger eine „Wurstetute" holt und wieso die Kutscher so gern ins Gasthaus zur Traube gehen, wo kleine Herzchen die Fenster zieren. Der Bummel mit Lisbeth durch die gut erhaltene Fachwerkstadt Melsungen mit ihren 400 historischen Gebäuden bringt für Touristen noch einiges mehr ans Tageslicht. Zum Beispiel, warum die jahrhundertealte steinerne Brücke über die Fulda diesen komischen Namen trägt. Früher nahmen nämlich die Holzfäller ihren Weg zur Arbeit in den Stadtwald über diese Brücke und wetzten ihre Barten (Äxte) am Sandstein – seitdem heißen die Melsunger Bartenwetzer, was anfangs gar nicht nett gemeint war.

Aus der Perspektive der mitteilsamen Spinnstubenfrau, die sich mit ihrem Melsunger Platt durchaus verständlich machen kann, lernt man auch die einheimische Prominenz kennen: den Nobelpreisträger Reinhard Selten, die Medizintechnik-Unternehmerfamilie B. Braun, die Dichterin Therese Keiter mit dem Pseudonym M. Herbert oder den heiratswilligen Ritter Riedesel – zu allen weiß sie unterhaltsame Anekdötchen beizusteuern.

Woher der Stadtname Melsungen kommt, erfährt das Publikum von Lisbeth erst ganz zum Schluss der Führung, die am prachtvollen roten Rathaus im Zentrum endet. Einst sollten die Melsunger Ackerbürger bei einer Belagerung ausgehungert werden. Viele Wochen dauerte der Konflikt. Doch die Belagerten überlisteten ihre Feinde: Sie steckten ihre Zungen ins letzte Restchen Mehl, das sie noch in den Speisekammern fanden, und machten „Bäh!" über die Stadtmauer. Frustriert zogen die Belagerer daraufhin ab und ließen die glücklichen „Mehlzungen" zurück.

Jedermann-Stadtführungen, Kultur- und Tourist-Info, Am Markt 5, 34212 Melsungen,
Tel. (0 56 61) 70 82 00, www.melsunger-land.de
ÖPNV: Regiotram 5, Haltestelle Melsungen-Bartenwetzerbrücke

Barfuß durch den Wald

 33 *Natur und Meditation auf dem Diemelsteig*

„Glaubt mir, in den Wäldern und an den Bäumen werdet ihr mehr lernen, als in allen Büchern steht." Über dem Eingang eines Franziskanerklosters hängt dieser Spruch, den Pfarrer Jörg Schultze aus Heringhausen mitten im Wald oberhalb des Diemelsees einer kleinen Touristengruppe ans Herz legt. Franz von Assisi soll das vor 800 Jahren gesagt haben. Bei einer meditativen Familien-Naturerlebniswanderung geht es an diesem heißen Sommertag um den Heiligen, der einen Wolf gezähmt haben soll und mit Vögeln sprechen konnte. Und der zusammen mit „Schwester Wasser, Bruder Feuer und Mutter Erde" die Schöpfung lobte. Wer will, geht barfuß über den schmalen Diemelsteig. Blätter, Wurzeln und kleine Steine sind deutlich zu spüren. An einem stillen Platz setzt sich die Gruppe auf den Waldboden und lauscht auf die Geräusche rundherum: Vögel, Mücken, ein Eichhörnchen – ganz in der Nähe. Hundegebell, Flugzeuge, ein Motorrad von weit weg. Weiter oben am Berg staunen alle über die 200 Jahre alten bonsaiartigen Eichen, die in der kargen Erde am Hang oberhalb des Sees wachsen: Mit wie wenig man auskommen an! Die kleinwüchsigen Bäume passen sich den Bedingungen des Urwalds an.

TIPP Ferienprogramm der „Kirche unterwegs" am Diemelsee: www.kunterwegs.de.

Von unten blitzt ab und an der blaue Wasserspiegel des Diemelsees durch die Bäume und erinnert an die bunte Welt zwischen Liegestuhl, Paddelboot und Eisbude. Die Wald-Wanderer erleben diesen Urlaubstag ganz anders als unten am Badestrand. Auch wenn es an dem Sauerland-See im Grenzgebiet zwischen Hessen und NRW immer etwas ruhiger zugeht als in anderen Touristen-Hotspots, ist solch ein meditativer Ausflug in die Natur etwas Besonderes, bringt auf neue Gedanken und rückt die Dinge des Alltags zurecht. Nach sieben Kilometern endet die geführte Wanderung an der Staumauer. Dahinter fünf Millionen Kubikmeter kühles Diemelsee-Wasser, über das es mit dem Personenschiff vom Bootshafen wieder hinüber nach Heringhausen geht.

○ Wanderung „Auf den Spuren von Franz von Assisi", im Sommer jeden Donnerstag 10 Uhr, Treffpunkt: Tourist-Information Diemelsee, Kirchstraße 6, 34519 Heringhausen, Tel. (0 56 33) 9 11 33
www.diemelsee.de
○ ÖPNV: Bus 508, Haltestelle Heringhausen Strandbad

Märchenhaftes von oben

 34 *Auf dem Dach der GRIMMWELT in Kassel*

Das Dach der Kasseler GRIMMWELT, aus hellem Kalkstein erbaut, wächst aus dem grünen Hügel, wenn man auf den Weinberg zufährt. Von Weitem sieht das Gebäude aus wie eine Ruine aus vergangener Zeit. Aus der Nähe korrigiert sich der Eindruck von altem Gemäuer schnell. Hier steht kein Märchenschloss, sondern ein hochmoderner und preisgekrönter Museumsneubau. Seine Architektur passt sich wunderbar in die Parklandschaft ein. Sie wirkt wie eine gigantische Treppe. Von zwei Seiten können Besucher dem Gebäude aufs begehbare Dach steigen. Oben lädt eine 2.000 Quadratmeter große Aussichtsplattform zum eintrittsfreien Verweilen ein. Zu Recht ist dieser Ort einer der beliebtesten der Stadt. Der Rundumblick vom Dach verspricht Glück.

Also erst einmal vorbei am Eingang des Museums, in dem man die Sprach- und Märchenwelt der Gebrüder Grimm erleben kann (lohnt sich!), und die schmale Treppe hinaufklettern. Oben auf dem Dach heißt es staunen. Wer hätte das gedacht: eine Fläche so breit wie das ganze Haus, in sich wieder abgestuft wie ein riesiges Freilufttheater. Über die Brüstungen hinweg geht der Blick in die Ferne über die verkehrsreiche Kasseler Südstadt, in die grüne Karlsaue, auf benachbarte Museen und schließlich bis hinauf zum Herkules im Bergpark Wilhelmshöhe. Hier entspannt auf den Stufen sitzen und die letzten Strahlen der Abendsonne genießen – herrlich!

Zu besonderen Anlässen bietet das Dach Platz für nette Veranstaltungen. Auf der Südseite führt eine breite Treppe wieder ins Grüne hinunter. Auf diese Weise, so die Idee der Architekten, hätten sie den Platz, den das Haus auf dem Weinberg besetzt, den Parkbesuchern zurückgeben wollen. Der Weinberg ist ein für Kassel bedeutender Ort, hier stand einst die im Zweiten Weltkrieg zerstörte Villa der Fabrikantenfamilie Henschel. Über das Dach der GRIMMWELT ist dieses exklusive Grundstück nun zu einem Glücksort für alle geworden.

⊙ **GRIMMWELT Kassel, Weinbergstraße 21, 34117 Kassel**
www.grimmwelt.de
⊙ **ÖPNV: Regiotram 1, 4, 5, oder Straßenbahn 1, 3, 4, 5, 6, 8, Haltestelle Rathaus/Fünffensterstraße**
(ca. 5 Minuten Fußweg)

Der Geschmack von Heimat

35 *Bad Wildungens „Worschtkopp"*

Worschtkopp – der Name für seinen Laden war eigentlich eine Schnapsidee, erzählt Simon Andreas lächelnd. Vor ein paar Jahren saß er fern der Heimat in Berlin mit seinem Cousin beisammen, es floss Bier und eben auch Schnaps, und man fabulierte über all die Leckereien von zu Hause, die es in Berlin nicht zu kaufen gab. Ahle Worscht vor allen Dingen wurde schmerzlich vermisst, die aus schlachtfrischem Schweinefleisch hergestellte rote Dauerwurst. Kurzerhand gründete der Student unter dem Namen Worschtkopp einen Onlinehandel für nordhessische Spezialitäten.

Der floriert bis heute gut, aber es kam ein fester Standort in Bad Wildungen-Reinhardshausen dazu. Der Worschtkopp am Schützenplatz, ein Mix aus Imbiss und Laden, ist eine Institution für alle geworden, die nicht bestellen, sondern sofort genießen wollen. Beliebt bei Einheimischen und zahlreichen Gästen aus den umliegenden Rehakliniken ist zum Beispiel der Burger „Peterchens Rindfahrt", eine Kombination aus heimischem Rindfleisch und frittiertem Ziegenkäse mit einer hausgemachten Aioli-Barbecue-Soße. Dazu eine Portion knusprige Süßkartoffelpommes – und der Tag ist gerettet.

Das alles sei kein Hexenwerk, sagt der gelernte Koch und studierte Betriebswirt Simon Andreas. Er schätzt die solide Küche, und die Direktvermarktung standortnaher Bioprodukte liegt ihm sehr am Herzen. Auch für die originellen Erzeugnisse, die im angegliederten Laden in den Regalen stehen, gelten diese Kriterien: Holunderbeerlikör, Chai-Latte-Sirup, Lutscher mit Ahle-Worscht-Geschmack, Wildunger Weinberghonig, Bärlauchsenf, vegetarische Zucchini-Tomatensoße – und natürlich die luftgetrocknete oder geräucherte Ahle Worscht, die in verschiedenen Varianten in der Vitrine hängt. Neben den selbst hergestellten frischen Waren kann man im Worschtkopp Lebensmittel von Lieferanten und Partnern aus Nordhessen probieren. Alles perfekt im Reich der glücklichen Genießer? „In jedem Problem sehen wir eine neue Chance, uns weiterzuentwickeln", sagt Simon Andreas und lächelt.

* * *

◉ Worschtkopp, Am Schützenplatz 2a, 34537 Bad Wildungen-Reinhardshausen,
Tel. (0 56 21) 7 81 83 25, www.worschtkopp.de
◉ ÖPNV: Stadtbus 1, Haltestelle Mitte (ca. 3 Minuten Fußweg)

Ritter mit neuen Ideen

36 *Schloss Berlepsch bei Witzenhausen*

Fabian Freiherr von Berlepsch ist Spross eines alten hessischen Adelsgeschlechts und lebt standesgemäß auf der eigenen Burg – im Schloss Berlepsch nämlich, das vor 650 Jahren hoch über der Werra erbaut wurde und heute noch so imposant in der Landschaft thront wie im späten Mittelalter. Ab und an zieht der junge Schlossherr die Ritterkluft an – zum Beispiel zum jährlichen Berlepsch-Cup, bei dem vor Publikum mit Äxten, Schwertern und Lanzen spielerisch um den Turniersieg gekämpft wird. Als echter Ritter wohnt er nicht nur auf seiner Burg, von Berlepsch teilt sie zu allen Jahreszeiten mit vielen Gästen. Das Schloss ist aus dem Dornröschenschlaf erwacht. In recht kurzer Zeit ist es dem Tourismusmanager gelungen, den Familiensitz nahe Witzenhausen zu einem beliebten Ausflugsziel für Familien zu machen. Dazu trägt die herausragende Gastronomie bei: In der Berlepscher Tafelrunde werden feine Köstlichkeiten aus der saisonalen Speisekarte sowie rustikale mittelalterliche Speisen und Getränke aus der Region serviert. Stilecht können Hochzeitspaare im Himmelbett übernachten – und klar, eine Erlebnis-Schlossführung gibt es auch. Dabei erfahren Besucher Näheres über berühmte Vorfahren: Hans von Berlepsch (1480–1533) war Hauptmann auf der Wartburg in Eisenach und organisierte die Entführung Martin Luthers. Und das kam so: Der Kaiser hatte den Reformator, der sein evangelisches Bekenntnis nicht widerrufen wollte, in Worms für vogelfrei erklärt. Auf dem Weg zurück nach Wittenberg wurde Luther zum Schein gekidnappt und auf die Wartburg gebracht. Dort versteckte von Berlepsch seinen prominenten Gefangenen als Edelmann „Junker Jörg". Und Luther nutzte das knappe Jahr in Thüringen, um das Neue Testament ins Deutsche zu übersetzen. Noch einer sorgte für nachhaltigen Ruhm: Wilhelm Sittich von Berlepsch, Revierförster am Edersee, setzte 1934 zwei Waschbär-Pärchen im Wald aus. Der Grundstock für eine schnell wachsende Population war geschaffen – heute ist Nordhessen die Waschbären-Hochburg Deutschlands.

Schloss Berlepsch, 37218 Witzenhausen, Tel. (0 55 42) 50 70 10
www.schlossberlepsch.de
ÖPNV: ab Bahnhof Gertenbach 5 Kilometer weiter mit www.nvv.de/mobilfalt.de

Bis sich die Balken biegen

 37 *Das Thonet-Museum in Frankenberg*

Diesen Stuhl kennt jeder: Oma und Opa hatten ihn, er stand im Restaurant um die Ecke und auch im Friseursalon. Jetzt steht der berühmte Thonet Kaffeehausstuhl Nr. 214 im Museum der Möbelfirma, die diesen Design-Klassiker 1859 erfand und über die ganze Welt verbreitete. Und das Schönste: Er wird noch immer produziert – hier im nordhessischen Frankenberg. Im Showroom, der dem Museum angegliedert ist, kann man sogar zur Sitzprobe auf der Ikone Platz nehmen. Das Besondere an diesem Stuhl ist seine für die damalige Zeit revolutionäre Technik: Der Tischlermeister Michael Thonet perfektionierte das Biegen von massivem Holz und machte damit eine Serienfertigung überhaupt erst möglich. Dazu kam eine geniale Vertriebsidee: In einer Kiste mit einem Kubikmeter wurden 36 zerlegte Stühle verpackt, in die ganze Welt geschickt und vor Ort montiert. Dieser mit Rohrgeflecht bespannte Klassiker findet noch immer in unterschiedlichsten Umgebungen seinen Platz. Wiedersehen macht Freude: Beim Rundgang durchs Museum bleibt man oft versonnen stehen, weil man alte Bekannte wiederentdeckt: Der verchromte Stahlrohr-Freischwinger von Marcel Breuer ist ebenfalls auf den ersten Blick als Klassiker der Moderne zu identifizieren. Thonet kam 1930 auf die Idee, nicht nur Holz, sondern auch härteres Material für die Möbelproduktion zu biegen – und das wurde ein durchschlagender

TIPP Stühle, Sessel, Tische der berühmten Klassiker gibt es im Werksverkauf zu günstigen Preisen.

Erfolg der Bauhaus-Epoche. Beeindruckend, wie in den Ausstellungsräumen vergangene Jahrzehnte lebendig werden: Designideen, Stoffe, Muster, Materialien, die den Besucher seit der Kindheit begleitet haben, aber trotzdem irgendwie zeitlos sind. Und immer wieder staunt man über die Biegefähigkeit des Holzes, die an Beispielen demonstriert wird. In einem schönen, alten Fachwerkhaus in Frankenberg wird die Möbelsammlung präsentiert, die Georg Thonet, ein Urenkel des Gründers, aus den entlegensten Winkeln der Erde zusammentrug. Die Wiedereröffnung des Museums 1989 erfolgte genau hundert Jahre nach Gründung des Thonet-Werks in Frankenberg.

Thonet Museum, Michael-Thonet-Straße 1, 35066 Frankenberg, Tel. (0 64 51) 50 80
www.thonet.de
ÖPNV: ab Bahnhof Frankenberg/Eder ca. 7 Minuten Fußweg

Kunst aus der Schwalm

 38 *Willingshausen – älteste Malerkolonie Europas*

Ist es der weite Himmel? Oder das besondere Licht über den Wiesen und Feldern? Sind es die Menschen in ihren farbenfrohen Trachten? Im 19. Jahrhundert wurde die Schwalm zu einer inspirierenden Region für viele Künstler. Sie kamen – und kommen noch heute – in das Dorf Willingshausen und malen ihre Bilder unter freiem Himmel. Der Ort wurde zur ersten Künstlerkolonie Europas und verbindet sich mit hessischen Malernamen wie Carl Bantzer, dem Märchenillustrator Ludwig Emil Grimm, Hans von Volkmann, Wilhelm Thielmann und dem Grafiker Otto Ubbelohde.

Im Malerstübchen im Gerhardt von Reutern-Haus begegnet man ihren Werken. Es ist ein recht kleines, gemütliches Zimmer, an dessen Wänden wunderschöne Landschaftsbilder aus der Schwalm hängen, neben Porträts von Bauerntöchtern in bunten Röcken und Hauben und naturalistischen Szenen aus dem Arbeitsleben. Originell ist auch die bemalte Zimmertür zum Malerstübchen, in dem sich die Meister der Pinsel abends nach getaner Tagesarbeit zum Umtrunk versammelten. Den Tag verbrachten sie als Anhänger der Freilichtmalerei bei Sonne wie Regen an der frischen Luft – und das zu einer Zeit, als für seriöse Künstler das Atelier noch das Maß aller Dinge war.

TIPP Beim monatlichen „Bilderschwatz" finden musikalisch und kulinarisch umrahmte Gespräche statt.

Nebenan im Schloss der Familie von Schwertzell soll im Jahr 1824 alles begonnen haben. Der Goethefreund Gerhardt von Reutern kam als Kriegsversehrter mit nur einem Arm nach Willingshausen, wo er zu malen begann – meist Bauern, Mägde und Kinder in Schwälmer Tracht. Dort traf er mit Ludwig Emil Grimm zusammen, und bald stießen viele Kunsthochschul-Absolventen zum Kreis der Romantiker. Willingshausen wurde zu einem internationalen Studienort. Das ist übrigens bis heute so geblieben, denn jedes Jahr finden Malersymposien mit Künstlern aus verschiedenen Ländern statt. Ihre Werke kann man in der Ausstellungshalle bewundern. Und wer selbst künstlerisch tätig werden will, bucht einen Kurs in der Malschule Willingshausen.

Gerhardt von Reutern-Haus, Merzhäuser Straße 1, 34628 Willingshausen, Tel. (0 66 97) 14 18
www.malerkolonie.de
ÖPNV: Bus 477, Haltestelle Willingshausen

Alt trifft Neu

39 *Hotel Kloster Haydau in Altmorschen*

Zwei Seelen wohnen in der Brust von Hotelgästen: Einerseits hätte man gern das besondere Ambiente historischer Mauern, aber andererseits soll moderner Wohnkomfort mit allen zeitgemäßen Annehmlichkeiten natürlich nicht fehlen. Im Hotel Kloster Haydau kommt beides zusammen. Das denkmalgeschützte Anwesen mit Kloster, Kirche, Wirtschaftsgebäuden und Herrenhaus wurde in den letzten Jahrzehnten grundlegend restauriert und zu einem Ort für Kultur und Kommunikation gestaltet. Ergänzt wurde die historische Anlage durch einen Hotelbau der Moderne. Das lang gestreckte, schlichte Gebäude setzt architektonisch einen interessanten Kontrapunkt zu seiner mittelalterlichen Umgebung – und integriert sich dabei äußerst harmonisch. So zeigt sich das zwischen Melsungen und Rothenburg/Fulda gelegene Kloster heute als gelungene Symbiose aus Vergangenheit und Zukunft.

Fast 800 Jahre ist es alt. Haydau ist das in seinem Bestand am besten erhaltene Zisterzienserinnenkloster Hessens. Der aus dem 13. Jahrhundert stammende Komplex aus Kreuzgang und Saalkirche vermittelt noch immer den Eindruck einer geschlossenen Klosteranlage. Da das Kloster zu Beginn des 17. Jahrhunderts zum Jagdschloss umgebaut wurde, trägt es zusätzlich deutliche Züge der Spätrenaissance. Die Decke im Engelsaal, der in Terrassen angelegte Park, das Herrenhaus und die Orangerie dienen als gelungene Beispiele höfischer Wohnkultur.

Heute flanieren Tagungsgäste, Hochzeitsgesellschaften und Fahrradtouristen zwischen den Obstbäumen im Park, sitzen abends bei einem Drink in der stylischen Hotelbar, genießen köstliche regionale Gerichte im Restaurant „Poststation zum Alten Forstamt", relaxen in der weitläufigen Wellnesslandschaft und schlafen schließlich entspannt in hochbequemen Hotelbetten ein. Am nächsten Morgen folgt dann ein üppiges Frühstück auf der Terrasse vor dem Hotel mit Blick auf historische Klostermauern und barocke Gartenwege. Ein Blick, der zwei Seelen glücklich vereint.

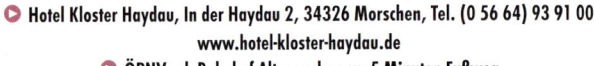

Hotel Kloster Haydau, In der Haydau 2, 34326 Morschen, Tel. (0 56 64) 93 91 00

www.hotel-kloster-haydau.de

ÖPNV: ab Bahnhof Altmorschen ca. 5 Minuten Fußweg

Streicheln und staunen

40 Im Tierpark Sababurg in Hofgeismar

Unermüdlich rennt das erst wenige Wochen alte Eselfohlen zwischen den älteren Tieren auf der Weide hin und her. Weil der Zaun eine Lücke hat, steht das übermütige kleine Grautier aber plötzlich auf dem Weg vor einem Besucher und lässt sich zwischen den langen Ohren kraulen. Im Tierpark Sababurg, der über 900 Tiere aus 80 verschiedenen Arten beherbergt, ist das durchaus gewollt. „Tiere ohne Grenzen" lautet das Motto. In vielen Gehegen hat man freie Sicht auf die Tiere, darf ihnen näher kommen und sie sogar streicheln, sofern sie es zulassen.

Hauptsächlich Familien mit Kindern streifen das ganze Jahr über durch die enorm große Anlage unterhalb des Dornröschenschlosses Sababurg und sind glücklich, wenn sie Erdmännchen, Pinguine, Hängebauchschweine und Waschbären sehen. Die leben im Kinderzoo gleich neben dem Eingang zum Tierpark. Nicht in Kontaktgehegen hausen Luchse, Vielfraße und Wölfe. Die darf man nur aus sicherer Entfernung und hinter Zäunen beobachten, etwa wenn sie sich in ihrem natürlichen Umfeld bei der Fütterung um die besten Happen streiten.

Nicht nur die Fauna macht Freude, auch landschaftlich ist der Park ein Genuss. Er wurde schon 1571 vom Landgrafen als „Thiergarten" für Jagd und Forschung angelegt. Die gewaltigen Eichen, unter denen die Besucher auf langen Alleen entlangwandern, sind Jahrhunderte alt, eine historische Mauer umgibt das 130 Hektar große Gelände und sorgt für die besondere Atmosphäre. Passend zum benachbarten Urwald leben hier heute viele vom Aussterben bedrohte Wildtierarten.

Für viele ist der Tierparkbesuch ein Tagesausflug. An wunderschönen Plätzen mit Aussicht auf die Sababurg lagern Familien im Gras und verzehren ihre Picknickvorräte oder sitzen auf Bänken und lassen sich eine Bratwurst schmecken. Im Gasthaus „Zum Thiergarten", einem schmucken Fachwerkbau neben dem Infozentrum, kann man den Tag bei einem Glas Bier oder Limonade und einem – in diesem Fall vielleicht lieber vegetarischen – Gericht ausklingen lassen.

Tierpark Sababurg, Sababurg 1, 34369 Hofgeismar, Tel. (0 56 71) 7 66 49 90
www.tierpark-sababurg.de
ÖPNV: Bus 192, Haltestelle Sababurg-Tierpark

Spur der Hugenotten

41 *Barocke Museumsstadt Bad Karlshafen*

Es war der Traum eines Barockfürsten: Landgraf Karl von Hessen-Kassel wollte einen Schifffahrtsweg quer durch Deutschlands Mitte erschaffen. Von der Weser aus sollte über die Diemel ein Kanal in die Residenzstadt Kassel gegraben werden, dann weiter über Eder, Schwalm und Lahn bis nach Marburg und schließlich an den Rhein. Doch daraus wurde nichts: Vor Hofgeismar war nach 13 Jahren Schluss, der Kanal blieb unvollendet. Wir stehen am schmucken Hafen von Bad Karlshafen. Im Herzen der barocken Stadt mit den weiß getünchten Häusern liegt das Hafenbecken mit Anschluss zur Weser. Hier war der Ausgangspunkt für Karls ehrgeizigen Plan. In jener Stadt, die der Landgraf 1699 als Siedlung für die Hugenotten gründete, sollten die protestantischen Glaubensflüchtlinge aus Frankreich über die Wasserwege Handel treiben und für wirtschaftlichen Aufschwung sorgen. Das Deutsche Hugenotten-Museum am Hafen zeigt die berührende Geschichte der nach Nordhessen Geflüchteten. Von der genialen Kanalidee ist immerhin die schöne Hafenkulisse geblieben. Die Hugenotten jedoch entdeckten Solequellen, die für die spätere Badestadt andere Einnahmen erschlossen. So wurde aus Pech doch noch Glück. Seit vor einigen Jahren eine neue Schleuse zur Weser hin gebaut wurde, ist der historische Hafen wieder für den Schiffsbetrieb geöffnet – ein wassertouristisches Highlight für kleine Jachten, Sportboote und Kanus. Unten an der Weser startet das Ausflugsschiff „Hessen" zu einer anderthalbstündigen entspannten Rundfahrt durch das Dreiländereck Hessen, Niedersachsen und Nordrhein-Westfalen. Entlang der Route gibt es einiges zu entdecken, zum Beispiel das Sole-Gradierwerk und die Weser-Therme in Bad Karlshafen. Und direkt an der Einfahrt zum historischen Hafenbecken steht das runde Pegelhaus, erkennbar am roten Fachwerk und der umlaufenden Außentreppe. Am Sandsteinsockel ist ablesbar, wie erschreckend hoch die Weser in früheren Jahren bei Hochwasser kletterte. Zum Glück gibt es heute zwischen Fluss und Hafen die Schleuse.

TIPP Ein Besuch im Deutschen Hugenotten-Museum direkt am Hafen lohnt sich.

> ◉ Hafen von Bad Karlshafen, Hafenplatz, 34385 Bad Karlshafen
> ◉ ÖPNV: Bus 180, Haltestelle Hafenplatz

Im Reich der Stille

 42 *Landhaus Bärenmühle am Nationalpark Kellerwald*

Durchs Lengelbachtal plätschert ein Bach, und der Wind rauscht in den Bäumen. Das ist auch schon alles, was man hier hört – mal abgesehen vom Motortuckern, das ein paarmal am Tag aus dem Wald dringt, wenn ein Auto mit neuen Gästen über die anderthalb Kilometer lange Strecke von Ellershausen bis zum Landhaus Bärenmühle rollt. Für lärmgeplagte Großstädter ist die abgeschiedene Lage des Hotels ein Segen. Durchgangsverkehr gibt es nicht, ab hier führen nur Wanderwege in das unendliche Grün des Nationalparks Kellerwald – und in die Stille.

Früher klapperten an der Bärenmühle noch Mühlräder, um Mehl und Öl zu produzieren, doch das ist schon viele Jahrzehnte her. Fünf Mühlen und eine Burg prägten einst das Lengelbachtal. Seit der Jahrtausendwende hat Gastgeberin Christiane Kohl ihren Familiensitz in ein romantisches Hotel verwandelt, das vor allen Dingen Ruhebedürftige anzieht. Dazu wurde das Gebäudeensemble Stück für Stück liebevoll restauriert, sodass es heute auch gehobenen Ansprüchen an Gastronomie und Beherbergung genügt.

TIPP *Im Restaurant „Maison Martron" können auch Nicht-Hotelgäste feine Küche mit französischem Esprit genießen.*

Für den Gast beginnt das Erlebnis an der Rezeption: eine schmucke kleine Fachwerkschmiede mit roten Fenstern, die komplett aus einem mittelhessischen Dorf auf das Hotelgrundstück versetzt wurde und so aussieht, als habe sie schon immer hier gestanden. In der alten Mühle routiert die Küche. Lobby und Restaurant sind in der ehemaligen Scheune des Anwesens untergebracht. Und im Hugenottenhaus, vormals Pferdestall, können Gäste stilvoll wohnen – zum Beispiel in der geräumigen Suite „Wilhelm Grimm". Im alten Hühnerstall ist heute eine moderne Sauna zu finden. Von dort aus ist der Weg in den wunderbaren Schwimmteich nicht weit. Früher war das, wen wundert es, der Mühlteich der Bärenmühle. Von einer der bequemen Holzliegen am Wasser aus ist der Blick auf das Anwesen am schönsten. Und wenn sich am frühen Abend das Fachwerk auf der Wasseroberfläche spiegelt, sollte ein Glas Wein nicht weit sein, um das stille Mühlenglück perfekt zu machen.

● Landhaus Bärenmühle, Lengeltalstraße 2 (Beschilderung folgen), 35110 Frankenau-Ellershausen, Tel. (0 64 55) 75 90 40, www.baerenmuehle.de
● ÖPNV: Bus 520, Haltestelle Frankenau-Ellershausen (ca. 20 Minuten Fußweg)

Weißes Gipfelglück

43   *Skifahren auf dem Willinger Ettelsberg*

Wer sagt denn eigentlich, dass man zum Skifahren in die Alpen fahren muss? Das größte hessische Skigebiet ist in Willingen. Hier findet man die längste Abfahrt im Upland – immerhin zwei Kilometer am Stück. Es gibt Seilbahnen und Sessellifte, Beschneiungsanlagen, Skischulen, Snowboardkurse und Flutlicht-Skifahren. Und beim Kult-Hüttenwirt Siggi auf dem Ettelsberg geht's bei Erbensuppe im Glas und brennendem Hüttengeist richtig rund – Après-Ski-Party auf Sauerländisch.

Die Ettelsberg-Seilbahn bringt pro Stunde 2.800 Personen in Achter-Gondeln sicher und komfortabel hinauf zur längsten Abfahrt Willingens. Auf 840 Meter über NN beschert der Winter den Skifahrern oft einen weißen Gipfel – und wenn nicht, arbeiten die Schneekanonen zuverlässig auf dieses Ziel hin. Ganz oben geht es noch höher hinaus – der Ausblick vom Hochheideturm über die winterliche Landschaft ist ohne Eintrittsgebühr zu haben. Noch zehn weitere Liftanlagen bieten im Verbund des Skigebiets alpine Abfahrten mit bis zu 240 Metern Höhenunterschied. Wie man an den Nummernschildern der Autos erkennt, lockt das besonders viele Gäste aus dem Ruhrgebiet und den Niederlanden an. Noch viel mehr Besucher strömen nach Willingen, wenn einmal im Jahr das Weltcup-Skispringen auf der Mühlenkopfschanze stattfindet. Mit 145 Metern Höhe ist sie die größte Skisprungschanze der Welt. Auf den seitlichen treppenförmigen Zuschauertribünen stehen Zehntausende und jubeln den fliegenden Stars zu.

Wer Menschenaufläufen dieser Art aus dem Weg gehen will, findet in Willingen schnell Beschaulicheres. Ein paar Schritte von der Ettelsberg-Hütte entfernt lässt man die fröhlich Feiernden hinter sich und taucht ab in ein stilles naturbelassenes Waldstück. Etwas versteckt ist der Einstieg zum Kyrill-Pfad: Wo vor Jahren der Orkan gewütet hat und in einer Nacht 180.000 Bäume fällte, kann man heute über einen Holzsteg klettern und die Urwald-Landschaft beobachten. Ohne Zutun des Menschen erobert die Natur den Wald zurück.

🔹 Talstation Ettelsberg-Seilbahn, Zur Hoppecke 5, 34508 Willingen (Upland), Tel. (0 56 32) 96 98 20
www.ettelsberg-seilbahn.de
🔹 ÖPNV: ab Bahnhof Willingen ca. 10 Minuten Fußweg

Alles Käse, aber bio

44 *Jausenstube Dülfershof im Kellerwald*

Bergwanderer schätzen die Pause mit Jause. Denn zum Genusswandern gehört die Rast. Aber nicht nur bei einem steilen Almaufstieg ist man froh über Einkehrmöglichkeiten, auch wer im sanften Hügelland Nordhessens unterwegs ist, belohnt sich gern mit einem schönen Stopp und der Möglichkeit, zwischendurch etwas zu essen und zu trinken. Es muss keine große Menüauswahl sein: Was Wanderer suchen, ist ein netter Ort, um sich mal hinzusetzen, dazu eine kleine Gastronomie gegen Hunger und Durst mit zünftigen regionalen Leckereien.

Die Jausenstube Dülfershof ist so gesehen ein Klassiker. Auf dem einsam gelegenen Bauernhof mitten im Kellerwald wird kein großes Aufhebens um Tischkultur und Küchenraffinesse gemacht. Die Gäste kommen an, holen sich am Tresen ein Stück Käse, Wurst oder Kuchen, trinken einen Kaffee oder ein Bier dazu – und gut ist. Dabei lassen sie es sich auf schlichten Stühlen und Bänken, die man drinnen in der Holzhütte und draußen auf die grüne Wiese gestellt hat, schmecken. Drum herum gibt es all das, was für eine funktionierende Landwirtschaft so gebraucht wird: Ställe, Silos, Trecker, Hühner und eine Miste. „Entspannen inmitten der Natur" lautet die Devise der Familie Schade, die den Hof in elfter Generation betreibt und mit der Jausenstube eine rustikale Touristenattraktion im Angebot an.

TIPP Von Bad Wildungen führt ein rund 10 Kilometer langer wunderschöner Wanderweg zum Dülfershof.

Das Besondere auf dem Dülfershof ist die eigene Käseherstellung. Grundstoff für die verschiedenen Käsesorten ist die Milch der gentechnikfrei ernährten Kühe. Sauberes Wasser aus eigener Quelle und saftige grüne Wiesen sind die Voraussetzung für hochwertige Milch, beteuern die Bauern. Bei einer Käsereiführung kann man sehen, wie viele handwerkliche Arbeitsschritte notwendig sind: schneiden, schöpfen, ausfüllen, pressen, wenden, schmieren und reifen – am Ende kann man den „Milden Dülfershofer", den Butterkäse oder den „Herzhaften Bergkäse" in der Jausenstube bei einer deftigen Brotzeit probieren oder eine von 20 Käsesorten mit nach Hause nehmen.

⊙ Jausenstube Dülfershof, Dülfershof 26, 34537 Bad Wildungen, Tel. (0 64 55) 2 92
www.duelfershof.de
⊙ ÖPNV: Bus 520, Haltestelle Hundsdorf Dülfershof, dann 1,5 Kilometer zu Fuß durch den Wald

Diaschau mal anders

45 *Der documenta-Rahmenbau in Kassel*

„Ist das Kunst oder kann das weg?" In einer Stadt wie Kassel, wo alle fünf Jahre die Weltkunstschau documenta Ansichten und Einsichten verändert, muss dieser respektlose Spruch erlaubt sein. Denn viele Artefakte vergangener Ausstellungen stehen im öffentlichen Raum und prägen das Gesicht der Stadt – und dem einen gefällt's, dem anderen nicht.

Nicht vermissen möchten die meisten Kasseler allerdings den sogenannten Rahmenbau – eine begehbare Plastik aus Stahl, die 14 Meter mal 14 Meter misst und wie ein überdimensionales Dia aussieht. Besucher gehen über eine schmale Brücke quasi in den Bildausschnitt hinein und blicken dann durch einen zweiten kleineren Rahmen in die Parklandschaft: Karlsaue und Orangerie präsentieren sich im Fenster. Gleichzeitig werden die auf dem Steg stehenden Betrachter selbst zum Objekt im Bild des größeren Ausschnitts. Als Bild im Bild gewissermaßen – ein witziger Effekt. Die Erkenntnis dieser ganz besonderen Diaschau: Manchmal muss das Auge gelenkt werden, um Schönes zu sehen. Es ist alles eine Frage der Perspektive. Der Panoramablick durch die beiden Rahmen jedenfalls ist wunderbar.

Die Installation wurde 1977 zur documenta 6 in Kassel entworfen und steht seitdem an der unteren Seite des zentralen Friedrichsplatzes. Die Künstlergruppe Haus-Rucker-Co. schuf hier ein bleibendes Wahrzeichen für Kassel, das bis heute kleine und große Kunstfreunde anlockt, spielerisch erfreut und mit einem Blick durch den Landschaft-Bilderrahmen belohnt. „Kunst in der Medienwelt – Medien in der Kunst" lautete das Motto der documenta 6. In einer Zeit, als das Dia noch Alltagsmedium war und Videos für Aufsehen sorgten, kamen Hunderttausende zur größten je veranstalteten Kunstausstellung in Deutschland nach Kassel und waren beeindruckt von den neuen künstlerischen Ausdrucksformen. Der Rahmen aus Stahlgitter hat alle Kunsttrends überdauert. Zum Durchgucken und Drübergehen steht er zwischen Stadt und Landschaft – und macht einfach Spaß.

● Rahmenbau – documenta 6, Auedamm 20b, 34121 Kassel (neben documenta-Halle)
● ÖPNV: Straßenbahn 1, 3, 4, 5, 6, 8, Haltestelle Friedrichsplatz, dann den Steinweg überqueren

Auf Eichhörnchens Spuren

 46 *TreeTopWalk am Edersee*

Für Eichhörnchen ist ein Baumstamm wie eine zweispurige Schnellstraße: In Windeseile klettern sie nach oben zur Krone und genauso schnell wieder zurück nach unten Richtung Wurzel. Schaut man den putzigen Nagern eine Weile zu, wirkt es so, als sei diese Art der Fortbewegung das Natürlichste auf der Welt. Nicht ganz so leichtfüßig, aber doch ohne große Mühe, erreichen Besucher des „TreeTopWalks" am Nationalpark Kellerwald-Edersee die Baumkronen in bis zu 30 Metern Höhe. Von dort genießen sie die Eichhörnchen-Perspektive über das Blätterdach des Waldes.

Doch zunächst geht es über weichen Waldboden: Vom Kassenhäuschen aus führt der „Eichhörnchen-Pfad" mit interessanten Infos über das faszinierende Ökosystem Wald bis zum Startpunkt des Baumkronenwegs. Über einen Stelzenweg mit Geländer kommen die Besucher dann dem Himmel Stück für Stück näher – stufenlos und barrierefrei. Bald schon ist man auf Augenhöhe mit den Kronen der alten Baumriesen. Im Nationalpark Kellerwald-Edersee stehen übrigens besondere Bäume: Der Rotbuchen-Anteil ist hoch und die Urwald-Anmutung macht diesen Part Nordhessens zu einem der wertvollsten Waldgebiete in den europäischen Mittelgebirgen. Es ist Teil des UNESCO-Weltnaturerbes „Buchenurwälder der Karpaten und Alte Buchenwälder Deutschlands".

TIPP *Es gibt auch außerhalb der regulären Öffnungszeiten geführte Touren über den „TreeTopWalk".*

Zu wunderschönen Pausen auf dem Spazierweg laden die einzelnen Panorama-Plattformen ein. Ein wenig schwindlig kann es empfindlichen Naturen beim Blick in die Tiefe schon werden, wenn der Wind durch die Bäume tost und man das Gefühl hat, dass alles leicht schwankt. Aber das ist eben der besondere Thrill dieses Glücksorts: den festen Boden unter den Füßen verlieren und leicht wie ein Eichhörnchen durch die Bäume huschen. Am Ende des „TreeTopWalks" ist alles wieder gut: Man steht auf soliden Holzbohlen mitten in den Wipfeln hoch über dem Südufer des Edersees und schaut tief unten den Booten beim Cruisen über das blaue Wasser zu.

TreeTopWalk, Brühlfeld 3, 3459 Edertal-Hemfurth (Nähe Wildpark), Tel. (0 56 23) 9 73 79 77
www.baumkronenweg.de
ÖPNV: Bus 515, Haltestelle Wildpark (ca. 15 Minuten Fußweg)

Schönes handgemacht

 Stöbern in der Keramikwerkstatt Oberkaufungen

Viele tausend Mal am Tag dreht sich die Töpferscheibe in der Keramikwerkstatt von Reinhild Alber und Frank Breiter in Oberkaufungen. Am Anfang sieht alles, was unter ihren Händen aus dem braun-beigen Ton entstehen soll, ziemlich gleich aus – ein unförmiger Klumpen, der irgendwie immer runder wird. Doch wenn man den Fingern eine Weile bei der Arbeit zusieht, produzieren sie in einem dynamischen Prozess zügig Gefäße. Erst nach vielen weiteren Arbeitsschritten entsteht eine breite Palette an handgefertigten Keramiken: Tassen, Teller, Schüsseln, Kannen, Vasen, Lampenschirme oder Kuchenformen, die dann als blasse Rohlinge in den Regalen auf den großen Brennofen warten. Wenn die dann nach Tagen mit gebrannter Glasur rauskommen, leuchten sie in Blau-Türkis im Verkaufsraum – oder schwimmen als bunte Keramik-Fische, die auf dünnen Spießen stecken, durch den Garten.

Im alten Ortskern von Oberkaufungen leben die Künstler mit ihren Kindern in einem der urigen Fachwerkhäuser, die sich hier dicht an dicht an den Hang unterhalb der Stiftskirche schmiegen. Die kleine Werkstatt im Hinterhof ist etwas versteckt, aber Besucher, die sie finden, sind immer willkommen. Die Atmosphäre ist entspannt: Während die Drehscheibe läuft, schnurrt auf dem Fensterbrett eine schwarze Katze und man kann mit den beiden Keramikern über den Schöpfungsprozess ihrer Werke plaudern.

Dabei wird deutlich: Reinhild Alber und Frank Breiter haben zwar seit vielen Jahren eine gemeinsame Werkstatt, arbeiten jedoch mit ganz unterschiedlicher Handschrift. Während seine Spezialität wunderschön bemaltes und gemustertes Steinzeug-Geschirr ist, fertigt sie neben dem charakteristischen Steinzeug in Blau- und Grüntönen vornehmlich etwas dünnwandigere Porzellanstücke. Auf vielen dieser Gefäße finden sich lyrische Textzitate – etwa von Joachim Ringelnatz, Ingeborg Bachmann oder Paul Maar. Wer die Schrift von Reinhild Alber entziffern kann, wird manchmal mit humorigen Sinnsprüchen wie diesem überrascht: „Der Kopf ist rund, damit das Denken die Richtung wechseln kann."

● **Keramikwerkstatt Alber & Breiter, Dautenbachstraße 11, 34260 Oberkaufungen,**
Tel. (0 56 05) 92 94 20, www.keramik-kaufungen.jimdofree.com
● **ÖPNV: Straßenbahn 4, Haltestelle Oberkaufungen Mitte (ca. 10 Minuten Fußweg)**

Vom Glück des Findens

48 *Hessens kleinstes Museum in der Wasserburg Aue*

Wer etwas sucht, kennt das Glück des Findens. In Wanfried-Aue war die Freude über Gefundenes so groß, dass man gleich ein Museum für die Fundstücke eingerichtet hat. Es ist zwar nur das kleinste begehbare Museum Hessens geworden, aber immerhin. Doch der Reihe nach: 1964 wurde in dem kleinen Ort an der Werra ein Heimatverein gegründet. Der setzte sich für die Verschönerung des Ortsbilds und den Denkmalschutz ein. Mit der Zeit jedoch wurde ein anderes Ziel noch wichtiger für den Verein: die Restaurierung der Wasserburg Aue, einer Ruine aus dem 12. Jahrhundert, die im Dreißigjährigen Krieg abbrannte und danach nicht wieder aufgebaut wurde. Nur noch die Grundmauern und ein Teil der Räume im Untergeschoss der Anlage sind heute zu besichtigen, so wie der 1920 gebaute Turm, in dem sich das Mini-Museum befindet.

Burgvogt Robert Köcher schließt die Tür zu dem Vier-Quadratmeter-Raum auf, knipst das Licht an. Ihm und der AG für Vor- und Frühgeschichte Eschwege ist es zu verdanken, dass vieles ans Tageslicht kam, was vor Jahren noch unter der Erde war. Seit seiner Schulzeit führte er mit anderen Freiwilligen umfangreiche archäologische Grabungen durch und förderte viele Schätze zutage. Gefunden hat er zum Beispiel die Reste einer alten Turmuhr. Im Museum sind aber auch Motivkacheln eines Ofens aus der Reformationszeit ausgestellt, auf denen Martin Luther zu erkennen ist. Tonkrüge, ein Hornkamm, eine Mistgabel und vieles mehr liegt in den Vitrinen. Davor Bilder und Modelle der Wasserburg, wie sie einst gewesen sein muss – angefertigt von Robert Köcher.

Die Mitglieder des Auer Heimatvereins können nicht nur mit Schaufeln und Eimern umgehen, engagiert stellen sie auch viele Veranstaltungen auf die Beine: Führungen natürlich, mittelalterliche Burgfeste, Konzertabende oder Ferienspiele. Auch wer den richtigen Partner fürs Leben gefunden hat, wird in der Wasserburg glücklich, denn in der offiziellen Außenstelle des Standesamts Wanfried kann geheiratet werden.

....

○ Wasserburg Aue, Lange Straße 47a, 37281 Wanfried, Tel. (0 56 51) 6 08 24
www.heimatverein-aue.de
○ ÖPNV: Bus 236, Haltestelle Wanfried-Aue Mitte (ca. 5 Minuten Fußweg)

Schlafen in luftiger Höhe

49 *Das Baumhaushotel Robins Nest*

Über eine schwankende Hängebrücke kommt man in das fünfeckige Baumhaus. Wenn der Wind durch die Bäume geht, fühlt es sich drinnen an wie auf einem Segelboot. Sanft schwingen die Betten hin und her. Der Buchenstamm, der wie ein Mast mitten durch den Raum hindurchwächst, knarzt. Und wenn man aus dem Fenster sieht, scheint sich der Waldboden in sieben Meter Tiefe zu bewegen. Ein tolles Abenteuer-Feeling stellt sich ein, fast wie auf hoher See.

Robins Nest, das ist nicht nur ein einziges Baumhaus, sondern eine kleine Siedlung mit ganz unterschiedlichen Unterkünften für Naturliebhaber: drei echte Baumhäuser, die ohne Stützpfeiler an Baumstämmen kleben, ein Stelzenhaus, eine Baumhauskugel, eine kleine Blockhütte, ein Schlafwagen und fünf Baumzelte. Das Ensemble bildet ein Hotel der besonderen Art: Jede Behausung wurde nach einem eigenen Motto entworfen, mit Naturmaterialien individuell gebaut und stilvoll mit Wildholz-Möbeln eingerichtet. Luxus ist kein Fremdwort: Für kalte Winternächte ist eine Heizung installiert. Duschen gibt es in diesen Baumnestern zumeist nicht. Im Separee stehen aber eine Bio-Trockentoilette und eine Waschschüssel mit Wassergalone zur Verfügung.

Die Idee zu dieser anspruchsvollen Baumhausherberge im Wald – mit Blick auf die Ritterburg Schloss Berlepsch – hatte Peter Becker, ein Naturbursche mit ökologischem Weitblick. Der Nordhesse ist viel in der Welt umhergereist und setzt nun in der Heimat seine Vision von einem natürlichen Leben aktiv um. Besonders Familien begeistern sich für das Wohnen im Baumhaushotel und verbringen glückliche Tage und Nächte in luftiger Höhe. Und wenn die Gäste wieder festen Boden unter den Füßen spüren wollen, klettern sie aus ihren Baumhäusern gern herunter zu einem Drink am abendlichen Lagerfeuer oder in der Waldbar. Oder sie genießen ein leckeres Frühstück im Restaurant und erzählen sich dabei gegenseitig von den abenteuerlichen Nächten in den Wipfeln der Bäume.

· ·

⊙ Baumhaushotel Robins Nest, Berlepsch 1, 37218 Witzenhausen, Tel. (0 55 42) 5 05 50 56
www.robins-nest.de

⊙ ÖPNV: Ab der Bahnstation Gertenbach führt eine 4-Kilometer-Wanderung über 200 Höhenmeter zum Baumhaushotel. Alternative: Taxi nehmen!

Wie am Meer

50 *Das Strandbad am Twistesee*

Strandhafer und Dünengras bewegen sich sanft im Wind. Durch das grüne Wogen führen hölzerne Stege in Serpentinen von der Promenade in die halbrunde Sandbucht. Unten umplätschert blaues Wasser die Badenden, Stand-up-Paddler gleiten durch die Sonne. Eine Mittelmeer-Szene? Könnte durchaus sein, aber in Wahrheit befinden wir uns an Nordhessens kleinstem Stausee, dem Twistesee nahe Bad Arolsen.

Seit vor ein paar Jahren das Strandbad zu einer schicken Location gestaltet wurde, hat dies die Qualität des Ortes mächtig aufgewertet. Architektonischer Höhepunkt ist sicherlich das Strandbad-Gebäude mit Umkleiden, Duschen, Toiletten und der Gastronomie, das sich in einem mutigen Materialmix aus rostüberzogenen Cortenstahl und satiniertem Glas wie eine Welle an der Promenade entlangschwingt. „Kleine Reise" hat der Pächter sein Bistro mit der schönen Holzterrasse genannt, auf die er zu einem kühlen Getränk und zu den beliebten Fritten nach dem Bad einlädt. Hier tummelt sich im Sommer alles, was zu einem Ausflug an den Twistesee gekommen ist: Eltern mit Kinderwagen, Zweiradakrobaten mit Mountainbikes und Rentner mit Strohhut.

Mittelpunkt des 4.500 Quadratmeter großen weißen Sandstrands ist eine ausladende Eiche. Sie spendet den Badenden Schatten und korrigiert gleichzeitig den optischen Eindruck der mediterranen Strandwelt – wir sind und bleiben eben doch in Nordhessen. Was gibt es sonst noch? Eine große Wasserrutsche für die Kleinen. Sie endet ungefähr dort, wo auch die hölzerne Strandbar steht, an der es Cocktails für die Großen gibt. Das Naherholungsgebiet komplett machen ein Campingplatz, ein Feriendorf, die Möglichkeit, Neun-Loch-Golf zu spielen, und die Wasserski-Anlage mit Zuschauertribüne. Über den sieben Kilometer langen Rundweg ist der See zu Fuß oder mit dem Rad schnell umrundet, um anschließend wieder zum großartigen Strandbad zurückzukommen und dort den Tag im feinen weißen Sand sitzend ausklingen zu lassen.

● **Strandbad Twistesee, Zum Wiggenberg 31, 34454 Bad Arolsen-Wetterburg**
www.strandbad-twistesee.de
● **ÖPNV: Bus 560, Haltestelle Strandbad am Twistesee (ca. 7 Minuten Fußweg)**

Bananen an der Werra

51 *Im Tropengewächshaus der Universität Kassel*

Wer weiß schon, wie Kaffeebohnen aussehen und sich anfühlen, bevor sie geerntet, geröstet und in Tüten verpackt werden? Bei einem Rundgang durch das Tropengewächshaus in Witzenhausen können Besucher die roten kirschenähnlichen Steinkerne vom Strauch pflücken und aus ihrer weichen Umhüllung puhlen. In der Hand halten sie dann die klebrigen Samen der Kaffeepflanze, die botanisch gesehen gar keine Bohnen sind. Und wenn sie später am Tag eine gute Tasse Kaffee trinken, denken sie glücklich an das Lernerlebnis zurück.

In Witzenhausen geht es um Lehre und Forschung. Im 19. Jahrhundert wurden hier Landwirte für die deutschen Kolonien ausgebildet, doch das ist Geschichte. Heute trifft man unter den Glasdächern des Tropengewächshauses, das zur Uni Kassel gehört, auf viele Studierende, die sich zu Ökologischen Agrarwissenschaftlern ausbilden lassen. Das Schöne: Auch ganz normale Menschen dürfen sich von den Studis fachkundig zwischen rund 400 Nutzpflanzen herumführen lassen. „Einmal zum Äquator und zurück" lautet der Titel der einstündigen Führung.

TIPP Studierende, die eigene Schwerpunkte setzen, führen immer samstags um 14 Uhr durchs Gewächshaus.

Die Temperaturen steigern sich von Halle zu Halle, denn man kommt durch drei unterschiedliche Klimazonen. Im tropischen Tiefland staunt man zum Beispiel über zehn Meter hohe Bananenstauden, die in Rekordgeschwindigkeit stammlos in die Höhe schießen, sogenannte Finger mit Bananenbündeln bilden, aber nach einmaligem Fruchttragen absterben. Und warum ist die Banane krumm? Weil sie, der Sonne entgegen, nach oben wächst. Schon wieder was gelernt!

An anderen Stellen knabbert man an Teeblättern, schnüffelt an Hopfen oder kaut Kautschuk. „Das sind Chia-Samen", sagt Kuratorin Marina Hethke und lenkt den Blick auf unscheinbare braune Körnchen aus Südamerika, die bei Ernährungsbewussten als Superfood gelten. Ihr liegt das Pädagogische am Herzen: Rund 15.000 Besucher begrüßt sie jährlich im Haus, unter ihnen viele Kinder, die im Sommer gern helfen, im angeschlossenen Lehr- und Lerngarten Beeren zu pflücken.

● Gewächshaus für tropische Nutzpflanzen der Universität Kassel, Steinstraße 19, 37213 Witzenhausen, Tel. (0 55 42) 98 12 31, www.tropengewaechshaus.de
● ÖPNV: ab Bahnhof Witzenhausen ca. 15 Minuten Fußweg

Juwelensuche

52 *Pfingstnelken im Nationalpark Kellerwald-Edersee*

Beim Stichwort „Nationalpark" sind sofort Bilder von USA-Reisen im Kopf: Grand Canyon, Yosemite und Yellowstone – grandiose Landschaften, die man gesehen haben muss. In Amerika wurde die Idee geboren: Die Wunder der Natur sollen für nachfolgende Generationen bewahrt werden. Der Staat gründet Schutzzonen, hier darf durch den Menschen nichts verändert werden. Aber auch in Deutschland gibt es 16 Nationalparks – und einer davon liegt in Nordhessen.

Im Nationalpark Kellerwald-Edersee geht es – wie der Name schon andeutet – um Bäume und Wasser. „Auf über 90 Prozent der Fläche entsteht die Wildnis von morgen", wirbt die Nationalparkverwaltung. Geschützt werden sollen ein einzigartiges Stück Urwald und tausend Quellen und Bäche. Der Eintritt ist frei: Zu Fuß kann sich jeder Parkbesucher ein Bild machen. Viele Wege locken in den Park, manche führen schneller als andere zu lohnenden Zielen. Über die rund vier Kilometer lange Bloßenberg-Route, die im Edersee-Ort Bringhausen startet, kommt man zum „Juwel des Nationalparks". Gemeint ist die Pfingstnelke, eine eher unscheinbare rosa blühende Pflanze, deren Bestand europaweit gefährdet ist, die hier aber noch relativ häufig vorkommt.

TIPP *Mit dem Nationalpark-Ranger Hügelgräber, Fledermäuse und den Wildtierpark entdecken.*

Ein Glücksversprechen ist das Wegsymbol der Pfingstnelke, dem der Wanderer der Bloßenberg-Route folgt. Vorbei an einem alten Eichen-Pflanzwald und durch ein Bachtal leitet es zu den steilen Felsen der Banfebucht des Edersees. Genau hinsehen, dort nämlich wächst die seltene 10 bis 20 Zentimeter hohe Blume. An Banfeteich und altem Fischhaus vorbei geht es auf schmalem Pfad bergan zurück zum Parkplatz. Alternative: Man kann aber auch unten am Fuß des Berges bleiben und dem Weg am Rand des Stausees folgen, der bis nach Bringhausen führt. Unterwegs keiner Pfingstnelke begegnet? Auch egal. Im Restaurant und Café „Zur Endstation" lässt sich der wundervolle Blick auf den See, der selbst übrigens nicht zum Nationalpark gehört, bei einem kühlen Schluck genießen. Welch ein Glück!

◉ **Bloßenberg-Route, Nationalpark-Eingang Parkplatz Kirchweg bei 34549 Edertal-Bringhausen**
www.nationalpark-kellerwald-edersee.de
◉ **ÖPNV: Bus 515, Haltestelle Edertal-Bringhausen Mitte (ca. 10 Minuten Fußweg)**

Kuscheliges für die Füße

53 *Teppich-Manufaktur Habbishaw im Knüllwald*

„Bärbel spinnt", kichert das kleine Mädchen an der Hand seines Vaters. Sie darf das ruhig sagen, es ist nicht beleidigend gemeint. Denn Bärbel ist in der Teppichmanufaktur zuständig für das Spinnen der Garnknäuel aus Schafwolle. In allen möglichen Farben liegt die Schurwolle in großen Säcken bereit, die Bärbel „durch den Wolf schickt", damit sich die Fäden zu zweieinhalb Kilo schweren Knäueln aufwickeln, bevor sie in die Waschmaschine zum Walken kommen. Was sich anschließend weich anfasst, hängt draußen unterm Scheunendach und reicht für einen Quadratmeter Teppich.

In dritter Generation betreibt Teja Habbishaw, der eher wie ein Großstadt-Hipster wirkt, seine Teppichweberei im winzigen Ort Rückersfeld im nordhessischen Knüllgebirge. Zwei halbautomatische Webstühle stehen in der Fachwerkscheune, auf ihnen werden in alter Handwerkstradition Natur- und Designteppiche aus hochwertigen Rohstoffen geknüpft, die ihren Preis wert sind. „Man muss es anfassen", lächelt Habbishaw und lobt die Langzeitqualität seiner Ware: „Meinen Kunden sage ich immer, wir sehen uns frühestens in 25 Jahren wieder." Besucher sind stets willkommen, sie können bei der Produktion zuschauen und im Showroom nach Belieben über die wohngesunden Teppiche streichen. Und tatsächlich, aus ganz Europa kommen Leute in der Manufaktur vorbei, freut sich der Teppichmacher, denn es gibt nicht mehr viele Orte, wo man auf diese Art und Weise Gemütlichkeit für die Füße herstellt.

Als Tejas Opa nach dem Zweiten Weltkrieg begann, aus geschredderter Kleidung Teppiche zu weben, war das noch ein Nebenjob für den Dorflehrer. Für den Vater wurde der Hof in Rückersfeld dann zum 68er-Aussteigerprojekt – mit direktvermarkteten Öko-Teppichen. Teja Habbishaw, dessen Vorfahren aus England stammen, war als junger Mann zunächst in Kalifornien und Bangladesch unterwegs, bevor er ein Hotel in Österreich leitete. Doch die Heimat und die Teppiche zogen ihn zurück in ihren Bann. Hier ist er glücklich.

● Teppichmanufaktur Teja Habbishaw, Bauernstraße 6, 34576 Homberg-Rückersfeld, Tel. (0 56 81) 14 14, www.habbishaw.de
● ÖPNV: Bus 427, Haltestelle Homberg-Rückersfeld (ca. 1 Minute Fußweg)

Brutal regional essen

54 *Beim Grischäfer in Bad Emstal*

Nordhessisch essen – das war vor 50 Jahren gleichbedeutend mit einem Gericht namens „Sulperknochen": Zersägte Schweine wurden gekocht und mit Sauerkraut serviert, gern durften dazu auch Rüssel, Ohren, Füße und Schwänzchen auf den Teller. Im Landgasthaus Grischäfer in Bad Emstal kam so etwas auf den Tisch, erinnert sich Frank Holzhauer an seine Kindheit, als der Opa noch in der Küche stand. Vor einem Vierteljahrhundert haben er und sein Bruder Rainer den Traditionsgasthof übernommen.

Nordhessisch geht es beim Grischäfer heute immer noch zu, aber ganz anders: Zum Weckewerk werden schon mal Krebsschwänze gereicht oder die Ahle Wurst wird mit Kraut in eine Frühlingsrolle gepackt. Wichtiger als solche eher verspielten Edelmenüs sind den Brüdern Holzhauer aber echte Regionalität der Produkte und handwerkliche Solidität. In dem historischen Fachwerkanwesen vor den Toren Kassels bekennt man sich zu den Klassikern der deutschen Küche: Schnitzel, Rouladen, Schweinelendchen, Steak, Saibling – fast alle qualitätvollen Zutaten kommen aus der Gegend und werden zu zivilen Preisen angeboten. Als Spaß für Gruppen lässt sich eine „mittelalterliche Tafeley" buchen, bei der es zugeht wie vor 400 Jahren: Schinken mit den Fingern essen, dazu Met und Bier aus großen Krügen trinken.

TIPP Im Landhotel Grischäfer kann man auch sehr komfortabel in historischen Mauern übernachten.

Spitzenkoch Rainer Holzhauer und sein Künstler-Bruder Frank arbeiten als Team erfolgreich zusammen und führen neben dem Stammsitz in Bad Emstal noch mehrere andere Locations in der Region unter dem Label Grischäfer. „Wir sind offen für alle Gäste", betonen die Inhaber, „niemand, der den Grischäfer betritt, muss Schwellenangst haben." Wanderer vom Habichtswaldsteig trifft man daher ebenso im Lokal wie Porschefahrer aus der Großstadt. 100 Plätze an den Tischen in der alten Scheune und 80 weitere draußen im Garten sorgen für Zulauf. Der Grischäfer ist eine gastronomische Institution in Nordhessen, in der vieles noch so ist wie vor 50 Jahren – nur eben anders.

Der Grischäfer, Kasseler Straße 77–78, 34308 Bad Emstal, Tel. (0 56 24) 9 98 50
www.grischaefer.de
ÖPNV: Bus 152, Haltestelle Bad Emstal-Rathaus (ca. 2 Minuten Fußweg)

Waldbademeister werden!

 55 *Gutshof Akademie in Frielendorf*

Wer in die Zufahrt hinter der massiven Feldsteinmauer einbiegt, sieht sofort: Dieses historische Anwesen mit Barockgarten, Fachwerkgebäuden, modernem Gästehaus und Schloss wurde mit viel Liebe und Aufwand restauriert. Hier residiert nicht nur seit Jahrhunderten eine hessische Adelsfamilie, sondern seit Kurzem auch die Gutshof Akademie, die Seminare in besonderer Atmosphäre anbietet. Der Renner: Unter anderem werden in Großropperhausen Waldbademeister ausgebildet. Ilona Dörr-Wälde, die zusammen mit ihrem Mann Rainer Wälde die Gutshof Akademie leitet, geht mit Spaziergängergruppen in den Wald. Das Ziel: Beim Waldbaden sollen gestresste Städter Entspannung lernen und Achtsamkeit üben. Doch nicht nur das: Die pädagogisch und theologisch geschulte Akademie-Trainerin qualifiziert Interessenten in insgesamt 80 Unterrichtsstunden zum IHK-zertifizierten Waldbademeister. Die so ausgebildeten Männer und Frauen können dann wiederum selbst anderen den Erlebnisraum Wald mit allen Sinnen näherbringen.

Der Trend zum Waldbaden ist unverkennbar. Die japanische Tradition des „Shinrin Yoku" wird auch in Deutschland immer beliebter, die wohltuende Wirkung des Waldes auf Körper und Seele ist unbestritten. „Immer mehr Menschen verlieren den Kontakt zu sich selbst. Sie leben nach den Erwartungen anderer, statt ihren eigenen, authentischen Weg zu gehen. Ihnen fehlt die Erfüllung und zu wissen, dass sie auf dem richtigen Weg sind", so die Trainerin. Auch Wissenschaftler bestätigen, dass der Aufenthalt im Wald die Gesundheit positiv beeinflusst, dass die Welt der Bäume guttut.

TIPP Der Gutshof bietet komfortable Gästezimmer, im Schäferhaus eine stilvolle Ferienwohnung für zwei Personen.

Der Knüllwald ist ein idealer Ort zum Waldbaden. Fünf Minuten vom Gutshof entfernt taucht man in das große stille Grün ein, lernt, Gerüche, Gefühle und Geräusche neu wahrzunehmen. Kostbares Leben überall: Zwischen dem Moos am Waldboden und den Wolken über den Baumkronen gibt es vieles zu entdecken, manchmal braucht man eben nur einen Tipp von der Waldbademeisterin.

Gutshof Akademie, Gutshof 2, 34621 Frielendorf-Großropperhausen, Tel. (0 56 84) 9 22 69 88
www.gutshof-akademie.de
ÖPNV: Bus 490, 493, Haltestelle Großropperhausen-Schwimmbad

Die Welt steht Kopf

56 *Das Tolle Haus am Edersee*

Huch, was war denn das? Im Autorückspiegel erscheint das rote Holzhaus an der Bundesstraße 485 verkehrt herum. Nicht nur seitenverkehrt, das wäre ja logisch, sondern es steht zusätzlich auch noch auf dem Kopf! Also wenden und rauf auf den Parkplatz, das muss man sich genauer ansehen. Tatsächlich: Da hat jemand ein ausgewachsenes Einfamilienhaus aufs Dach gestellt. „Das Tolle Haus am Edersee" ist eine verrückte Idee, die eigentlich ziemlich sinnfrei ist, aber trotzdem Spaß macht. Und wer weiß das nicht: Gerade bei Kindern kommen Dinge jenseits von Vernunft und Zweckmäßigkeit gut an.

Drei einheimische Handwerker aus dem Edertal begeisterten den Bürgermeister von ihrem Plan, das Grundstück direkt an der Einflugschneise zur Sperrmauer war schnell gefunden, und so realisierten sie kurzerhand das ungewöhnliche Bauprojekt. Vor einer hübschen Froschteich-Kulisse steht das Haus nun auf dem Dachfirst: das Erdgeschoss oben und das Obergeschoss unten. Besucher dürfen über eine Brücke eintreten. Drinnen scheinen die physikalischen Gesetze der Schwerkraft nicht zu gelten: Stühle und Tische hängen von der Decke herunter, auch in die Kloschüssel im Bad schaut man von unten hinein. Auf der schiefen Ebene gerät der Gleichgewichtssinn leicht ins Wanken. Vieles erscheint in ungewohnter Perspektive. Eine verrückte Welt in dieser Villa Kunterbunt: Strecken Kinder in der Küche ihre Arme hoch, sieht es auf dem Foto nachher so aus, als hätten sie auf dem gedeckten Esstisch einen Handstand gemacht. Ach ja, auf dem Parkplatz liegt ein Auto – ebenfalls auf dem Dach: „So müssen Sie parken" hat ein Scherzbold auf ein Schild geschrieben. Aber an diesen Hinweis hält sich niemand.

Damit der Stopp am „Tollen Haus" neben einem spaßigen Zeitvertreib auch noch einen Nutzwert abwirft, kann man die Chance ergreifen und zur Tourist-Information gehen – gleich nebenan. Hier können sich Urlauber nach all den Dingen erkundigen, die man am Edersee sonst noch machen kann.

⊙ **Das Tolle Haus am Edersee, Hemfurther Straße 14, 34549 Edertal, Tel. (01 72) 4 57 71 02**
www.das-tolle-haus-am-edersee.de
⊙ **ÖPNV: Bus 510, Haltestelle Edertal Forstamt (ca. 5 Minuten Fußweg)**

Hier ist gut sein

57 *Klosterkirche Lippoldsberg in Wesertal*

Manchmal kann ein Glücksort sehr profaner Natur sein. Die Toilette auf der Radtour zum Beispiel, die dringend gebraucht wird. In Lippoldsberg an der Weser findet sich das stille Örtchen im Besucherzentrum Klosterpforte unmittelbar neben dem Haupteingang zur stilrein erhaltenen romanischen Basilika, einem Baudenkmal von nationaler Bedeutung – und diese ist alles andere als profan. 850 Jahre ist die Dorfkirche alt, sie überwältigt mit ihrer Größe und beeindruckt in ihrer Schlichtheit.

Wer am Flusslauf der Oberweser unterwegs ist, einen Blick in die Welt des Mittelalters tun möchte, einen Platz zum Ausruhen oder eben nur eine Toilette sucht, sollte an Lippoldsberg nicht vorbeifahren. Neben dem Pfarrhaus tritt man durch die alte Sandsteinmauer ins Innere des Klosterhofs. Hier lebten im 12. Jahrhundert Nonnen des Benediktinerordens nach der Regel „ora et labora" – bete und arbeite. Informationen über diese Zeit erhält man zusammen mit einer guten Tasse Kaffee von einer freundlichen Mitarbeiterin in der Klosterpforte. Und nicht nur das: Wer möchte, kann auch länger bleiben, denn das Pilgerhaus nebenan bietet Durchreisenden ein bescheidenes, standortnahes Nachtlager an. Auf der Terrasse vor der Herberge kommt man mit anderen Gästen unkompliziert ins Gespräch.

Die Stimmung auf dem Gelände rund um die Klosterkirche ist entspannt. Besonders wenn der Kultursommer Nordhessen zu Gast ist und Festivalbesucher auf der großen Wiese am Südeingang ihre mitgebrachten Klappstühle aufstellen, um Gitarren- und Harfenmusik zu lauschen, während die Sonne hinter dem Kirchturm untergeht. An diesem Ort wird spürbar: Kunst und Religion gehören irgendwie zusammen. Im Hochmittelalter, als die Basilika gebaut wurde, war dies noch völlig selbstverständlich. Sämtliche Künste waren im Kirchenraum versammelt – alles diente dem Gesamtkunstwerk Gottesdienst: Architektur und Malerei, Sprache und Musik, Liturgie und Schauspiel. Die Klosterkirche hat heute eine Botschaft, die der Pfarrer so formuliert: „Hier ist gut sein."

● Klosterpforte und Klosterladen (auch Anmeldung für Kirchenführungen), Klosterhof 10, 34399 Wesertal/Lippoldsberg, Tel. (0 55 72) 99 92 26
www.klosterkirche.de
● ÖPNV: Bus 194, Wesertal-Lippoldsberg, Schule (ca. 5 Minuten Fußweg)

Landlust pur

58 *Im Bauerngarten des Rosenhofs*

„Die Welt gehört dem, der zufrieden genießt", sagt Hannelore Mayer-Stahl, Gastgeberin des Romantik-Hotels „Zum Rosenhof" in der ländlichen Idylle von Felsberg-Hesserode. Das klingt ein wenig nach britischem Understatement, wenn man – womöglich mit Strohhut – beim Tee im üppig blühenden Garten sitzt und sich dazu süße Scones, kleine Gebäckstückchen und Süßigkeiten wie Pralinés und kandierte Früchte, Crumble oder Apple Pie schmecken lässt. Es ist Tea-Time im Rosenhof – „very British", feines Rosendekor-Porzellan auf dem Tisch, die Stimmung fast wie bei den Royals. Der Kuchen kommt aus Hannelores Backstube. Wer möchte, bekommt aber auch eine regionale Vesperplatte serviert.

Mitten in Nordhessen, etwas abgeschieden, aber nicht weit entfernt von der A7, pflegt man den englischen Landhausstil. Ein Nachmittagsausflug in den blühenden Rosengarten entführt auf die Insel der Glückseligen. Genau das wollen die Inhaber ihren Gästen bieten – im Hotel, im Restaurant und im Garten. Kern des Anwesens ist ein Fachwerkgebäude aus dem 16. Jahrhundert. Neun unterschiedlich eingerichtete Zimmer haben jeweils einen individuellen Stil, unterschiedliche Optik, bieten aber gleichwertigen Komfort. Die großzügigen Räume sind geeignet für Familienfeiern und machen das Hotel zu einem beliebten Ort für Hochzeiten.

Bei schönem Wetter geht's raus in den alten Bauerngarten. Unter den Bäumen steht bisweilen ein festlich gedeckter Tisch. Der zeigt: Nicht nur britische Lebensart, auch französische Traditionen macht man sich im Rosenhof zu eigen. Der Table d'hôte, der lange Tisch der Gastgeber, hat sich zum beliebten kulinarischen Treffpunkt entwickelt. Hier sitzen Menschen – auch die sich bis dahin noch nie begegnet sind – zum gemeinsamen Essen und Trinken und geselligen Beisammensein in romantischem Ambiente. Das Vier-Gänge-Menü wird begleitet von besonderen Weinen aus dem Keller von Manfred Mayer. Immer im Blick bei gutem Gespräch und leckerer Kost: der wunderschöne Rosengarten.

· ·

○ **Romantik-Hotel und Restaurant Zum Rosenhof, Rockshäuser Straße 9, 34587 Felsberg-Hesserode,**
Tel. (0 56 62) 27 74, www.zumrosenhof.de
○ **ÖPNV: Bus 442, Haltestelle Felsberg-Hesserode (ca. 5 Minuten Fußweg)**

Riesige Tortenstücke

59 *Im Café Hasenacker bei Naumburg*

Freunde großer Kuchenportionen kommen im Café Hasenacker auf ihre Kosten. Das rustikale Lokal liegt da, wo sich Fuchs und Hase Gute Nacht sagen – etwas außerhalb von Naumburg am Waldrand. Es kann mit einer großen Auswahl zum kleinen Preis punkten. Zum Standardangebot gehören Stachelbeerbaiser, Schokosahne, Schwarzwälder Kirsche, Frankfurter Kranz, Himbeer-Joghurt, Käsesahne, Apfelkuchen, Käsekuchen – und mittwochs frische Waffeln. Man sitzt in einer von drei gemütlichen Gaststuben oder im Sommer an hölzernen Bänken und Tischen im Garten und staunt über die Dimension der Backwaren, die Wirtin Silvia Richter auftischt. Bis zu 18 Zentimeter in der Höhe messen die süßen Brocken aus ihrer Backstube.

Ihre XXL-Torten begeistern Gäste, die aus nah und fern in das Kultcafé kommen. Nicht selten sind es Wanderer. Sie haben den Vorteil, dass der zweieinhalb Kilometer lange Fußweg zurück nach Naumburg dafür sorgt, dass einige der zu sich genommenen Kalorien unterwegs auf der Strecke bleiben. Wer mit dem Auto kommt, nimmt alles wieder mit. Seit über 60 Jahren gibt es das Ausflugslokal im Wolfhager Land schon. Man kann hier übrigens nicht nur Kaffee und Kuchen genießen, sondern den ganzen Tag über zum Beispiel auch eine deftige Brotzeit mit typischer Ahle Wurscht und einem Bier vom Fass bestellen. Die Spezialität des Hauses kommt am Schluss: eine alkoholische Flüssigkeit namens Hasenblut, die es in sich hat.

Zu dem Genuss kommt bisweilen ein Lerneffekt. Wenn nämlich an den Nachbartischen echte Nordhessen beim Nachmittagskaffee sitzen, kann man mit ein wenig Glück regionale Mundart aufschnappen und erfährt, dass Kuchen hierzulande „Kuan" heißt und Torte „Dochte". Karl Garff, Kasseler Kabarettist und Virtuose des nordhessischen Quetschlauts, hat diese sprachliche „Ardigulationsbasis" analysiert und festgestellt, dass der Nordhesse das „ch" aus dem Kuchen entfernt und in die Torte packt. Im Café Hasenacker ist das Alltag.

....

▶ Café Hasenacker, Im Rehmbach 1, 34311 Naumburg, Tel. (0 56 25) 52 10
www.facebook.com/pages/Cafe-Hasenacker/152649684774966
▶ ÖPNV: Expressbus 55, Haltestelle Naumburg-Mitte, über den Habichtswaldsteig
ca. 2,5 Kilometer zu Fuß

Märchenbonbons

60 *Grimms Naschwerkstatt in Oberurff*

In vielen Grimm'schen Märchen kommen süße Leckereien vor: Man denke an das Zuckerkuchenhaus der Hexe in „Hänsel und Gretel", an das süße Mus, das sich das tapfere Schneiderlein aufs Brot schmiert, oder an die drei Königstöchter, die im weniger bekannten Märchen „Die Bienenkönigin" vor dem Schlafengehen Zucker, Sirup und Honig naschen. Diese Tradition greift Jörg Vorpagel in Oberurff-Schiffelborn, einem kleinen Ort mitten in der Grimmheimat Nordhessen, auf. In seiner Naschwerkstatt entstehen in Handarbeit bunte Bonbons – man kann ihm bei der Arbeit zusehen und natürlich die ein oder andere Süßigkeit verkosten.

Der gelernte Koch kam über die Sammelleidenschaft zur Zuckerbäckerei. Alte Walzen aus Bonbonmanufakturen interessieren ihn, in ganz Europa spürte er historische Raritäten auf. In seinem kleinen Lädchen, das zugleich als Schauwerkstätte dient, sieht es daher aus wie in einem Museum. Besonders stolz ist Vorpagel auf die handbetriebenen Walzen mit den Märchenmotiven; mit einer Drehung kann er zum Beispiel aus der zähen

TIPP Mit dem kleinen roten Verkaufswagen ist Grimms Naschwerkstatt auf vielen regionalen Märkten anzutreffen.

Zuckermasse Bonbons in Form vom Froschkönigen, gestiefelten Katern, Aschenbrödeln und Rapunzeln pressen. Die Tagesproduktion liegt bei maximal 15 bis 20 Kilo, weit entfernt von industriellen Mengen, aber genau diese Exklusivität führt Kunden aus ganz Deutschland zur Naschwerkstatt. Dank seiner Mikro-Manufaktur kann Vorpagel

auch Imker bedienen, die aus geringen Mengen eigenen Honigs Bonbons herstellen lassen wollen. Die Rezepte probiert er selbst aus, schließlich verfügt der Küchenprofi über langjährige Geschmacksbildung. Die Bonbonfarben kommen nicht von ungefähr zustande: Weiß aus Piña Colada, Rot aus Erdbeer-Rhabarber und Blau aus Heidelbeer-Orange. Und dann gibt es auf dem Verkaufstresen noch diese blassrosa gefärbte Zuckerware. Es sind Ahle-Wurscht-Lutscher, süß mit herzhafter Metzgerei-Note, was nicht jedem schmecken muss, wie Jörg Vorpagel lächelnd zugibt. Aber in der Naschwerkstatt wird eben gern experimentiert.

Grimms Naschwerkstatt, Urffstraße 1, 34596 Oberurff, Tel. (0 56 26) 82 29
www.grimms-naschwerkstatt.de
ÖPNV: Bus 410, Haltestelle Bad Zwesten-Oberurff, Schule

Das kleinste Restaurant

 61 *Fenster Fünf in Vöhl*

13 Quadratmeter – acht Sitzplätze. Es ist definitiv das kleinste Restaurant Nordhessens, wahrscheinlich sogar das kleinste Deutschlands. Im Fenster Fünf bekocht, bedient und unterhält Benjamin Thomas, den alle nur Ben nennen, seine Gäste. Eine One-Man-Show, die es in sich hat. Denn Ben kommt aus der Sternegastronomie und versteht sich nicht nur hervorragend auf die Herstellung ungewöhnlich kreativer Menüs, sondern ist dank seines kommunikativen Talents auch in der Lage, seine Kochphilosophie wortreich und überzeugend zu präsentieren. Das alles zusammen ist das Rezept für einen erlebnisreichen Genussabend.

„Ich bin die lebendige Speisekarte", begrüßt Ben seine Restaurantgäste hinter dem kleinen Schaufenster in Dorfitter und beginnt schon über die 14 Geschmäcker zu plaudern, die er in der Küche zaubern kann. In welche Richtung sollen die Sinne gelenkt werden: süß, sauer, salzig, bitter oder umami – also würzig? Und die Haptik: weich, schaumig, ölig oder fest? Es gibt zwar Vier-, Sechs- oder Acht-Gänge-Menü-Vorschläge in der Karte, aber eigentlich sollen sich die Gäste überraschen lassen und am Ende vom Genuss überwältigt sagen: „So etwas habe ich noch nie gegessen!"

TIPP *Auf jeden Fall reservieren und Menüwünsche und Unverträglichkeiten mitteilen.*

Bei Ben dürfen die Gäste auch mal mit in die Küche – im Gegensatz zur Mini-Gaststube ist das ein Riesenreich mit modernsten Geräten inklusive Technik aus der Molekularküche. Hier darf man dem Meister bei der Arbeit zusehen und aus Schüsselchen und von Tellerchen naschen: Zum Beispiel Gazpacho neu interpretiert – transparente gefüllte Röllchen, die nach Tomate schmecken, aber überhaupt nicht danach aussehen, dazu ein Brot, gebacken aus 57 Jahre altem Sauerteig. Pfifferlinge mit einem knusprigen Happen Hutewaldschwein an Selleriegrün und Roten Beeten. Oder das köstliche Dessert – ein Dialog aus Früchten, schaumigen Cremes und Dinkelbrösel, wobei die Pfirsiche aus dem Obstgarten der Tante kommen. Denn das ist Bens Credo: Regional nordhessisch muss sein, was im Gaumen der Gäste förmlich explodiert.

Fenster Fünf, Alte Korbacher Straße 5, 34516 Vöhl, Tel. (0 56 31) 9 37 33 33
www.fenster-fuenf.de
ÖPNV: Bus 504, Haltestelle Vöhl-Dorfitter Mitte

Selbst gepflückt

 62 *Nordhessens größtes Blumenfeld bei Vollmarshausen*

Sonnenblumen, Gladiolen, Dahlien, Astern, Malven, Bartnelken, Löwenmäulchen und Kosmeen, dazu diverse Gräser – hier sieht es aus wie in einem bunten Bauerngarten. Aber es gibt von allem etwas mehr auf dem größten Blumenfeld Nordhessens. Und das Beste: Auf dem riesigen Acker von Landwirt Jörg Gundelach, der sich über 15.000 Quadratmeter an der Landstraße zwischen Lohfelden-Crumbach und Vollmarshausen erstreckt, kann man nach Herzenslust Blumen selbst pflücken und mit nach Hause nehmen. Übrigens mit Blick auf den Kasseler Herkules, der von weit her auf die blühende Hochebene schaut.

Doch welche Blumen soll man nehmen?, grübelt der Kunde angesichts des Überangebots. Wer die Wahl hat, hat die Qual: Ist die knallrote Gladiole schöner als die lilafarbene? Kann man sie mit der in Blassrosa kombinieren? Bunte Sträuße für ein paar Cent pro Blütenstängel stellen Hobby-Floristen nach eigenem Gusto zusammen, wenn sie durch die langen Rabatten streifen, sich hier und da nach einer Pflanze bücken, um sie abzuschneiden, und anschließend für die eigene Ernte das passende Kleingeld in die Betonbox am Feldrand werfen. „Blumen selbst pflücken", wie es auf dem großen Schild angepriesen wird, macht nicht nur Spaß, es scheint sich für beide Seiten zu lohnen. Der Bauer verdient an ehrlichen Blumenkunden vermutlich mehr als an konventionellen Feldfrüchten, die Selbstschneider kommen erheblich günstiger an ihre Sträuße als im Blumenladen. Und auch für Schmetterlinge, Bienen, Hummeln und andere Insekten, die auf der Suche nach Nahrung sind, ist das hier ein Paradies. Zum Beweis summt es überall.

Natürlich ist Gundelachs Blumenfeld nicht das einzige in Nordhessen, Dutzende kleinerer gibt es vielerorts – in ganz Deutschland sollen es übrigens rund 4.000 sein. Aus der Schweiz kam die Selbstpflücker-Idee vor 30 Jahren zuerst nach Süddeutschland und erfreut sich seitdem wachsender Beliebtheit. In Lohfelden blüht die Pracht ab Mitte Juni und lockt Glückssucher auf die Felder.

. . . .

⊙ **Blumenfeld Hof Gundelach, Crumbacher Straße Richtung 34253 Lohfelden-Vollmarshausen,**
Tel. (01 60) 8 84 73 02, www.hofgundelach.com
⊙ **ÖPNV: KVG-Bus 37, Haltestelle Lohfelden-Vollmarshausen, Kasseler Straße**
(ca. 10 Minuten Fußweg)

Prima Klima?

63 *Wettermuseum Alte Schule Schreufa*

Warum nur sind die Zaunlatten vor der Alten Schule in Schreufa so ungleich? Manche kürzer, andere länger – nach einer ordentlichen Handwerksarbeit sieht das nicht aus. Die Antwort erschließt sich beim näheren Hinsehen: Die 120 Zaunlatten stehen für 120 Jahre – von 1905 bis zur Prognose für 2025. An der Lattenlänge kann man die jeweilige Durchschnittstemperatur in Deutschland ablesen, mal war es wärmer, mal kälter. Tendenz steigend, die letzten Latten sind die längsten. „Das ist unser Klimazaun", erklärt Werner Böhle, der Gründer des bundesweit einmaligen Wettermuseums, das in der Alten Dorfschule untergebracht ist. Zu erkennen ist: „Wetter ist jedes Jahr, aber 30 Jahre sind Klima."

Als die Schule 1836 gebaut wurde, sah es mit dem Wetter im rauen Nordhessen noch ganz anders aus, extrem heiße Sommer und schneelose Winter wie zuletzt gab es kaum. Dass die Erde immer wärmer wird, der CO_2-Gehalt deutlich ansteigt und sich die Vegetationszeiten immer weiter verschieben, beunruhigte Böhle und seine Mitstreiter, sie wollten über den Klimawandel aufklären und richteten vor einigen Jahren das kleine Wettermuseum mitsamt dem Klimagarten ein.

Dabei können sie sich auf den ehemaligen Dorfschullehrer Conrad Liese berufen, wie man im Laufe des Rundgangs erfährt. Der unterrichtete seine Schüler schon zu Beginn des letzten Jahrhunderts in Wetterkunde, führte allmorgendliche Wetteraufzeichnungen durch, die nach Berlin weitergemeldet wurden, und schrieb sogar Lehrbücher über Meteorologie. Andenken an den Universalgelehrten des 300-Seelen-Dorfs stehen in Vitrinen. Bewegender aber noch sind die Installationen, die der Verein um das renovierte Schulhaus herum gebaut hat und die sinnfällig Wetter- und Klimaerfahrungen vermitteln: die Baumscheibenchronik, ein Jahreszeitengarten, die begehbare Spirale des Lebens, eine Sonnenuhr und die schwimmende Granit-Erdkugel. All dies wird bei einer Führung erläutert – und hinterher gibt's im Museum Kaffee und Kuchen.

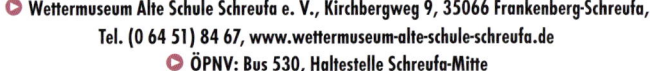

● Wettermuseum Alte Schule Schreufa e. V., Kirchbergweg 9, 35066 Frankenberg-Schreufa,
Tel. (0 64 51) 84 67, www.wettermuseum-alte-schule-schreufa.de
● ÖPNV: Bus 530, Haltestelle Schreufa-Mitte

Gipfelglück

64 *Mit der Waldecker Bergbahn zum Schloss*

In luftiger Höhe den Berggipfeln entgegenschweben – so kennt man es von Seilbahnfahrten aus dem Alpen-Urlaub. Auch in Nordhessen ist dieses Vergnügen möglich: Seit fünf Jahrzehnten gibt es die Kabinen-Bahn vom Ederseeufer hinauf zum Schloss Waldeck. Die bunten Gondeln der nostalgischen Bergbahn pendeln von der Talstation und wieder zurück. Von unten sieht die Seilbahn wie ein Spielzeug-Modell aus, und auch wenn man näher kommt, schwindet dieser Eindruck nicht. Ein Bediensteter sperrt das Türchen auf, und man schlüpft in die schulterbreite Kabine. Nur zwei Personen passen auf die gegenüberliegenden Sitze. Platzangst kommt nicht auf, denn die Fenster links und rechts bleiben während der Fahrt offen. Gemütlich und geräuschlos schweben die Gondeln über die Baumwipfel, hier und da wird ein Blick auf den See frei. Unten windet sich die steile Straße in Serpentinen den Berg hinauf. Radfahrer, die die Mühe des Aufstiegs scheuen, können ihr Gefährt auch mit der Gondel transportieren lassen.

Nach 900 Metern Strecke geht die Tür wieder auf, und der Fußmarsch von der Bergstation zum Schloss Waldeck steht an. Die mächtige Burganlage aus dem 12. Jahrhundert war Residenz der Grafen von Waldeck, bis diese es vorzogen, in Arolsen zu wohnen, und den Waldecker Berg verließen. Später wurde das Schloss dann als Frauengefängnis und Zuchthaus genutzt. Zu dieser Vergangenheit passt eine Führung durchs gruselige Kriminalmuseum im Keller des Schlosses. Angenehmer sind die Erfahrungen, die Besucher im Viersternehotel und im dazugehörigen Restaurant „Alte Turmuhr" machen können. Auch einen Rittersaal für größere Runden gibt es, und das schlosseigene Standesamt lädt zu märchenhaften Hochzeiten ein. Kostenlos ist die herrliche Aussicht von der Terrasse auf den Edersee, der unten in der Sonne glitzert. Man könnte jetzt zu Fuß in einer knappen halben Stunde über den schönen Wanderweg zurück zur Talstation laufen – aber weil man das Ticket schon gekauft hat, genießt man noch einmal die Abfahrt.

● **Waldecker Bergbahn**, Talstation 34513 Waldeck-West, Tel. (0 56 23) 53 54
www.waldeckerbergbahn.de
● ÖPNV: Bus 510, Haltestelle Bergseilbahn

Downhill zum Roten Stollen

65 *Mountainbike-Tour im Habichtswald*

Wenn es über Stock und Stein geht, der Schlamm spritzt und die Räder hüpfen, haben Mountainbiker am meisten Spaß. Geeignete Touren finden sie in Nordhessens Wäldern viele. Beliebt – und offiziell vom Forstamt freigegeben – ist die Mountainbike-Strecke „Um das Habichtsspiel" zwischen Kassel und Schauenburg.

Der 16 Kilometer lange Rundkurs startet am Wanderparkplatz Roter Stollen oberhalb des Wilhelmshöher Golfplatzes. Ein schönes Kraxel-Vorspiel ist der Weg aus der Stadt hoch zum Herkules – dort sind 530 Meter über NN erreicht, doch es geht noch mehr: Das Hohe Gras, wo in schneereichen Wintern Kassels einziger Skilift läuft, ist mit 615 Metern der höchste Berg des Habichtswalds. Theoretisch könnte man schon hier eine Rast einlegen, denn unter dem Aussichtsturm bietet die Waldgaststätte Hohes Gras alles Mögliche für den kleinen und großen Hunger und Durst an – auch ein Biergarten lockt. Aber wir wollen ja weiter, und jetzt geht es erst mal nur noch downhill – kilometerlang und ziemlich schnell über spannende Trails. Mal schmal und eng durch einen trockenen Bachlauf, mal wellig und kurvig zwischen den Buchen hindurch, mal gemütlich und relaxt über befestigte Forstwege. Für Einsteiger, aber auch für ambitionierte Mountainbike-Fans ist auf dieser Strecke alles dabei – es gilt, die Geschwindigkeit dem fahrerischen Können anzupassen.

Wenn die Augen mal nicht auf den Trail gerichtet sein müssen oder eine Pause sein darf, sollte die Natur im Fokus stehen. Höhepunkte dieser Tour sind das Habichtsspiel, eine verwunschene Waldlichtung auf einer Anhöhe, dann das liebliche Firnsbachtal. Wie ein mystisches Felsenmeer aus Basalt wirken die Bilsteinklippen. Der Bismarckturm steht mitten im Wald und bietet eine tolle Aussicht auf Kassel. Und wenn der Herkules in den Blick gerät, ist die Runde fast vollendet. Zum Ausgangspunkt Roter Stollen heißt es noch einmal kräftig bergan zu strampeln – schließlich müssen am Ende 425 Höhenmeter in beide Richtungen überwunden werden.

● ●

Wanderparkplatz Roter Stollen, Ehlener Straße, 34131 Kassel
www.naturpark-habichtswald.de/touren/mountainbike-strecke-um-das-habichtspiel
ÖPNV: Bus 22, Haltestelle Essigberg

Am Rad drehen

66 *Landgut Walkemühle in Frankenberg*

Unablässig dreht sich das Mühlrad, angetrieben vom Wasser der Eder, die an dem roten Fachwerkhaus vorbeifließt. Das macht nicht nervös, sondern sorgt im Gegenteil für eine entspannte Atmosphäre. Aber wer auf der Restaurantterrasse sitzt oder aus dem Fenster schaut, nimmt das Plätschern nach einer Weile sowieso nicht mehr wahr, denn die leckeren Speisen und Getränke des Landguts Walkemühle in Frankenberg ziehen alle Aufmerksamkeit auf sich. Was kommt auf den Tisch? Nach der Paprikacremesuppe mit Gartenkräuter-Pesto zum Beispiel ein gebratenes Filet vom heimischen Saibling oder ein Schnitzel vom hessischen Landschwein als Sonntagsfleischmahlzeit. Alles regional und frisch. Und während die Großen noch am Tisch genießen, stromern die Kleinen umher und vergnügen sich auf dem Spielplatz.

Die Walkemühle ist ein Ausflugslokal klassischen Zuschnitts. Die Lage vor der Stadt, das weitläufige Gelände, die grüne Flussaue lassen an vergangene Zeiten denken. Und in der Tat: Im Jahr 1358 wurde die Mühle das erste Mal urkundlich erwähnt. Da war sie noch eine Kornmühle, erst später wurde sie zur Walkemühle, die dazu da war, Wollstoffe zu verarbeiten. In Frankenberg, im Mittelalter Zentrum des hessischen Tuchhandels, ersetzten die Mühlen das Walken mit den Füßen, mit dem früher gewebte Wolltücher durch Stoßen, Strecken und Pressen gereinigt und an der Oberfläche verfilzt wurden. Holzhämmer, die über Welle und Schwinge vom Wasserrad angetrieben wurden, stauchten und klopften die Wolle, bis ein wärmender, regen- und windabweisender Lodenstoff entstand. Heute treibt das Mühlrad einen Generator an, der Strom erzeugt und aus der Walkemühle ein modernes Ökoprojekt macht.

Nach der Landpartie zur Walkemühle bietet sich auf jeden Fall noch eine Stadtbesichtigung in Frankenberg an: Vom Burgberg aus hat man einen herrlichen Blick über die Stadt und ins Edertal. Unbedingt ansehen: Das mittelalterliche Fachwerk-Rathaus mit seinen zehn Türmen zählt zu den schönsten Deutschlands.

··

Landgut Walkemühle, Ederstraße 20, 35066 Frankenberg, Tel. (0 64 51) 74 23 20
www.walkemuehle.de
ÖPNV: Bus 501, Haltestelle Ederstraße (ca. 5 Minuten Fußweg)

Himmelbett oder Bauwagen

67 *Die Herberge im Kleegarten Heldra*

Muße ist ein Zauberwort, das Dr. Helmut Pippart besonders schätzt: Nach getaner Arbeit in schöner Umgebung freie Zeit und Ruhe genießen, den eigenen Interessen und Gedanken nachgehen – im Kleegarten Heldra ist alles auf Muße angelegt. Der Arzt aus Wanfried hat das fast 400 Jahre alte Anwesen in unmittelbarer Nähe der ehemaligen deutsch-deutschen Grenze 1999 gekauft, mit Unterstützung der Dorfbevölkerung saniert und zu einer romantischen Herberge mit Restaurant ausgebaut. Dafür wurde er mit mehreren Preisen ausgezeichnet. Nicht ohne Stolz kann er auf frühere Besitzer verweisen: Der Gutshof ist nämlich das Stammhaus der Familie von August-Herrmann Francke, dem Theologen, Pädagogen und Begründer der Franckeschen Stiftung in Halle.

Gern sitzt der passionierte Hobby-Denkmalschützer und Sammler bei einer Tasse Kaffee mit Gästen unter den Bäumen im Garten und erzählt von vergangenen und zukünftigen Projekten. In der Region kennt man seine Liebe zu alten Fachwerkhäusern, von denen er viele vor dem Verfall gerettet hat. Mit Geschichte kennt er sich ebenso aus wie mit Baumaterialien. Beim Gang durch das Gasthaus begegnet man bei jedem Schritt Antiquitäten, die der Sammler mit Sachverstand und unterhaltsam beschreiben kann. Zum Himmelbett im Schlafgemach fällt dem Herrn Doktor zum Beispiel eine Redewendung ein: „Etwas auf die hohe Kante legen" sagt man, weil die Leute früher ihre Wertsachen unter dem Dach des Betts versteckten. Und tatsächlich – die Fächer sind noch da!

Übernachten können Gäste nicht nur in den historisch eingerichteten Zimmern des Kleegartens, sondern auch ganz naturnah in einem der bunten Bauwagen, die auf der großen Wiese an der Werra stehen. „Zigeunerwagen" nennt Pippart die gemütlichen Unterkünfte für Individualisten, die zum Teil auch mit antiken Möbeln ausgestattet sind. Und dann gibt es noch das Strohsacklager für Minimalisten. Und das Essen? Passenderweise präsentiert die Küche die bodenständigen Menüs des Hauses auf kreidebeschriebenen Schiefertafeln.

● Herberge im Kleegarten, Vor der Lücke 1, 37281 Wanfried-Heldra, Tel. (0 56 55) 92 34 44
www.herberge-im-kleegarten.de
● ÖPNV: Bus 230, 232, Haltestelle Wanfried-Heldra (ca. 5 Minuten Fußweg)

Bratwurst im Bergpark

68 *In der Kaskadenwirtschaft in Kassel*

Ein Restaurant, das mit den Jahreszeiten seine Farbe wechselt: Nein, das ist kein billiger Gag, sondern die Betreiber der Kaskadenwirtschaft lassen sich die zweimal jährlich veränderte Innenraumgestaltung etwas kosten. Im Frühjahr, wenn die Bäume im Bergpark Wilhelmshöhe grün werden, nimmt auch der Festsaal eine lindgrüne Wandfarbe an. Und im Herbst, wenn es auf Weihnachten zugeht und die Blätter sich rot färben, werden die Wände des Gastraums in einem warmen Rotton gestrichen. Jahr für Jahr ist das so – die Räume werden der jeweiligen Saison angepasst und verbreiten eine ganz eigene Stimmung.

Besucher der berühmten Wasserspiele in Europas größtem Bergpark können die Kaskadenwirtschaft nicht verfehlen, denn wenn sie dem Lauf des Wassers vom Herkules aus folgen, steigen sie die Treppen neben den Großen Kaskaden herunter und landen am Kaskadenteich unmittelbar neben dem Traditionsrestaurant. Für viele ein Anlass, hier ein Eis oder eine Hausmacher-Bratwurst zu kaufen oder sich mit einem kühlen Getränk in den Biergarten unter einen Sonnenschirm zu setzen. Oder sie verzehren das Erstandene im Gehen und verfolgen weiter die Wasserspiele.

Hier, mitten im Weltkulturerbe, ist man an einem exquisiten Ort – hoch über der Stadt, wo früher die Fürsten residierten und es sich mit ihresgleichen wohl sein ließen. Ein Blick ins Innere der gelb gestrichenen Holzfassade bestätigt den Eindruck. Unter dem Kronleuchter sind nicht selten lange festliche Tafeln gedeckt, denn „Die Kaskade" ist ein beliebter Ort für Hochzeiten und andere Feierlichkeiten. Zu solchen Gelegenheiten gibt es natürlich mehr als eine Bratwurst, obwohl die nicht schlecht schmeckt. Eine besondere Dienstleistung des Hauses ist der Abholservice, denn die Zufahrt durch den autofreien Park ist nicht gestattet. Auf dem großen Parkplatz am Fuße des Bergparks (Wilhelmshöher Allee 380) neben dem Kiosk befindet sich eine Rufsäule, wo Gäste den kostenlosen Shuttlebus herbeirufen können, der sie dann in die Kaskadenwirtschaft bringt.

Kaskadenwirtschaft Grischäfer, Schlosspark 22, 34131 Kassel, Tel. (05 61) 2 88 77 44
www.kaskaden-wirtschaft.de
ÖPNV: Straßenbahn 1, Endhaltestelle Besucherzentrum Wilhelmshöhe, dann zum Parkplatz
und in den Shuttle-Bus, an Wasserspieltagen: Bus 23, 23 E bis zur Kaskade

Holunder tut Wunder

69 *Sophiengarten in Eschwege*

Die Kreisstadt Eschwege ist zwar alles andere als eine hektische Metropole, trotzdem geht es mittags auf dem Wochenmarkt belebt und lautstark zu. Händler bauen ihre Stände ab, Autos kurven durch enge Gassen. Wer Ruhe sucht, findet sie ganz in der Nähe, nämlich im Sophiengarten, der grünen Oase mitten in der Altstadt. Vom fachwerkumstellten Marktplatz aus sind es nur wenige Gehminuten bergauf bis zum versteckten Tor in der alten Sandsteinmauer neben dem Heimatmuseum. Dahinter liegt ein verwunschener Park, der seinen Besuchern viel zu bieten hat. Diese betreten den oberen Teil des Gartens mit seinen kleinen eingefassten Beeten und einem Wasserspiel an der Wegkreuzung, was an einen mittelalterlichen Klostergarten mit Kräutern und Blumen erinnert. Rosenbögen leiten über in den unteren Teil zum sogenannten Bürgergarten mit dem Gartenhaus und der Sitzecke. Was wächst und gedeiht zwischen den Hausmauern und Zäunen? Bei einer Führung mit Dienstmädchen Hanna, alias Gästeführerin Silvia Schaaf-Doormeier, lernt man den Sophiengarten genauer kennen. Heilpflanzen gedeihen hier zum Beispiel, über die unsere Vorfahren besser Bescheid wussten als wir. „Holunder tut Wunder", erklärt Hanna und zeigt auf einen weiß blühenden Strauch. Gegen Entzündungen, Schmerzen und Diabetes soll die Pflanze wirken. „Ein Holunder im Garten ist so wertvoll wie eine ganze Apotheke", sagt schließlich auch der Volksmund.

Angelegt ist der Garten in Terrassen, denn er liegt am Hang des Schulbergs, unterhalb des Cyriakusstifts, eines ehemaligen Frauenklosters. Dessen Gründerin und Äbtissin war Sophia, die „Stadtmutter" Eschweges und gleichzeitig Namensgeberin des Gartens. Die Tochter von Kaiser Otto II. lebte vor rund tausend Jahren und galt als kluge und mächtige Frau. An sie erinnert eine Holzstatue. Den Garten gab es vermutlich schon vor 500 Jahren, zunächst waren es adlige, später bürgerliche Familien, die ihn gestalteten und nutzten. Heute kümmern sich engagierte Eschweger ehrenamtlich um das schöne Grundstück.

● Eschweger Sophiengarten, Vor dem Berge 14, 37269 Eschwege, Tel. (0 56 51) 7 03 31
www.sophiengarten-eschwege.de
● ÖPNV: Stadtbus 2, Haltestelle Marktplatz (ca. 5 Minuten Fußweg)

Vater und Sohn Meisterkoch

70 *bankcarrée in Kassel*

In Nordhessen kennen sie vielleicht nicht jeden Bauern persönlich – aber wo es das beste Schweinefleisch, das zarteste Wild, die gesündesten Hühner und frischesten Eier oder die wohlschmeckendsten Kartoffeln gibt, das wissen Günter Haack und sein Sohn Johannes sehr genau. Denn die beiden Meisterköche sind rund um Kassel mit Rad und Auto viel auf Achse, um gute Lieferanten für all das zu finden, was sie in der Küche brauchen. Und das ist nicht wenig, denn im bankcarrée, nicht weit vom Kasseler Hauptbahnhof, betreiben Sie eine große Kantine, ein Restaurant, eine Kochschule und last, but not least „Haack's wilden Laden". Hier bekommen die Kunden nicht nur Wildfleisch, sondern auch Lamm, Enten, Gänse, Dry-Aged-Rindfleisch, aber auch Kaninchen, die aus eigener Zucht stammen.

Als Küchenmeister wissen die Haacks natürlich auch, wie man die qualitätvollen Produkte aus der Heimat schmackhaft zubereitet. Und weil sie ihr Wissen nicht für sich behalten, sind Kochkurse in ihrem Haus der große Renner. In der Profiküche lernen Feinschmecker grüppchenweise dann, wie man auch als Laie zum Beispiel Frühlingsgemüse und Wildkräuter zu einem aromatischen Menü verarbeitet: Röschen von Teltower Rübchen mit Trüffel und Ringelblumen, Wolfsbarschfilet mit Vogelmieren-Polenta, Rindertatar mit Johanniskrautöl, zum Dessert ein Lindenblütenmousse. Hmm, lecker! Und das Schönste: Unter Anleitung des vielfach ausgezeichneten Senior-Küchenchefs gelingen auch komplizierte Gerichte immer. Nach dem gemeinsamen Kochen macht das Essen an der großen Tafel dann genauso viel Spaß.

Nicht selbst kochen müssen mehrere Hundert Kantinengäste, die alltags preiswert im bankcarée essen. Auch sie profitieren von den Einkaufs- und Kochkünsten von Vater und Sohn. Auf dem Wochen-Speiseplan steht Regionales, etwa ein Spinat-Auflauf mit gebratenen Pilzen und Ziegenkäse, der aus einem nahen Milchziegenhof kommt. Für ihre ungewöhnliche Qualität wurde die Kantine schon mehrfach als beste der Region ausgezeichnet.

● Günter und Johannes Haack im bankcarrée, Rudolf-Schwander-Straße 3, 34117 Kassel, Tel. (05 61) 78 93 11 77, www.meisterkoch-haack.de
● ÖPNV: Straßenbahn 7, Haltestelle Scheidemannplatz (ca. 2 Minuten Fußweg)

Eine Luftnummer

71 *Per Fahrradseilbahn über die Fulda*

„Glück liegt in der Freude des Erreichten und im Erlebnis der kreativen Bemühungen." Wenn der Ausspruch des amerikanischen Präsidenten Franklin D. Roosevelt stimmt, dann ist die Fahrradseilbahn von Beiseförth ein echter Glücksort. Wohl kein zweites Mal gibt es eine solche Einrichtung in Deutschland: In einem Metallkorb können bis zu vier Personen mit ihren Rädern etwa 50 Meter weit über die Fulda schweben. Angetrieben wird das Gefährt durch Muskelkraft mit zwei Handkurbeln, mit denen man ein Zahnrad an einer Kette bewegt. Kreativ ist diese Lösung der Flussüberquerung zweifelsohne, und Freude kommt bei allen auf, die nach mindestens fünf Minuten schweißtreibenden Kurbelns das andere Ufer erreichen.

Wer auf dem Radweg R1 zwischen der Fuldaquelle in der Rhön entlang des Flusses bis Bad Karlshafen unterwegs ist, braucht für die rund 250 Kilometer lange Strecke einen gewissen sportlichen Ehrgeiz. Doch kurz vor Melsungen steht der Radler vor einer Herausforderung, die nicht mit Beinen, sondern mit Armen zu bewältigen ist: die Fahrradseilbahn. Der Radweg endet, man steigt vom Drahtesel in eine Gondel um, die am Drahtseil hängt. Eventuell muss der Fahrkorb vorher mit einer Leerfahrt auf die eigene Flussseite geholt werden, was eine zusätzliche, aber amüsante Kurbelei bedeutet. Zu zweit kann man dann die Drehscheibe im offenen Stahlkorb bedienen, um Meter für Meter durch die Luft zu gleiten. Anstrengend ist das schon, Fahrradpedale lassen sich leichter trampeln, doch so ein Fortbewegungsmittel nutzt man nicht alle Tage. Die Gondelei ist nicht nur ein außergewöhnliches Erlebnis, sie ist auch sinnvoll, weil sie den Weg abkürzt. Vor Inbetriebnahme der Seilbahn mussten Radfahrer gemeinsam mit dem Autoverkehr eine Steigung auf der befahrenen Landstraße nehmen. Eine Fußgänger- und Radfahrerbrücke jedoch hätte ein Vielfaches gekostet und wurde deshalb nicht realisiert. Nicht schlimm übrigens, wenn sich mitunter kleine Staus an den Stationen bilden, denn das gibt Gelegenheit, mit anderen Radwanderern ins Gespräch zu kommen.

Fahrradseilbahn zwischen 34326 Morschen-Binsförth und 34323 Malsfeld-Beiseförth
www.fuldaradweg-r1.de
ÖPNV: Regionalbahn 5 (Cantus), Haltestelle Malsfeld-Beiseförth

Schäumendes Glück

72 *Im Garten der Biermanufaktur Rotenburg*

Mitten durch das Fachwerkstädtchen rauscht ein breiter Fluss, der Alt- und Neustadt voneinander trennt – wir sind in Rotenburg an der Fulda. Beachtliche Wassermassen strömen schäumend über die 400 Jahre alte Wehr- und Schleusenanlage in der Stadtmitte, von der Alten Fuldabrücke aus kann man dem ewigen Fluss des Lebens zusehen. Die Fulda war früher ein wichtiger Verkehrsweg zwischen Hersfeld, Kassel und Hannoversch Münden, wo es über die Weser weiter Richtung Norden ging. In Rotenburg wurde die Fulda als Tiertränke, Löschwasserbecken, Waschplatz und Schwimmbad genutzt. Die Lohgerber hatten hier ihren Arbeitsplatz. Und die Mühle mahlte Korn zu Mehl, später produzierte sie als Wasserkraftwerk Strom.

Nur wenige Schritte von diesem Energiezentrum entfernt fließt eine andere Flüssigkeit in Strömen – und zwar aus dem Zapfhahn. In der Biermanufaktur Rotenburg stellt Ralf Kramer „Schäumendes Glück" her, wie der einheimische Braumeister seine drei Biersorten nennt, die bei ihm rund ums Jahr frisch zu haben sind. Das Motto der Mikrobrauerei lautet „Vielfalt statt Einfalt – Handwerk statt Industrie". Den Standardbieren will Kramer sein unfiltriertes und naturtrübes regionales Bier gegenüberstellen, das geschmacklich und aromatisch Akzente setzt. Im Biergarten oder im Gasthaus am Rotenburger Schlosspark kann man sich von den Qualitäten der Getränkesorten überzeugen. Nett serviert auf einem Holzbrett kommt das Proben-Arrangement auf den Tisch: ein Gläschen Rotenburger Helles, spritzig und mit feinem Hopfenaroma, ein Gläschen Dunkles mit Karamell- und Kaffeearomen sowie leichter Vanillenote und – last, but not least – das bernsteinfarbene Weizen, obergärig und fruchtig im Geschmack. Für ganz Mutige gibt es, je nach Jahreszeit, noch Biere mit Bananen- oder Kirschsaft. Viel Gesprächsstoff bietet das Geschmackserlebnis an den Tischen im sogenannten Schalander, dem gemütlichen Schankraum, und im baumbestandenen Biergarten, während ganz in der Nähe die Fulda vorbeirauscht.

TIPP *Ein Bierseminar mit dem Braumeister in geselliger Runde dauert anderthalb unterhaltsame Stunden.*

Biermanufaktur Rotenburg, Obertor 7, 36199 Rotenburg an der Fulda, Tel. (0 66 23) 9 14 12 20
www.bier-rotenburg.de
ÖPNV: Regionalbahn 5 (Cantus), Haltestelle Rotenburg/Fulda (ca. 10 Minuten Fußweg)

Die Heide blüht

73 *Zum Beerenpflücken auf den Osterkopf*

Blauer Himmel, lila Boden: Auf der Kuppe des 708 Meter hohen Osterkopfs in Usseln wächst kaum ein Baum, aber dafür blüht in den Monaten August und September die Heide. Früher war das ein Signal für die Einheimischen – ganze Familien zogen mit Eimern und Milchkannen auf den Berg, um Preiselbeeren und Heidelbeeren zu pflücken. Lustigerweise werden im Upland die knallroten Preiselbeeren „Hä'idelbären" genannt, während der plattdeutsche Name für die dunkelblauen Heidelbeeren „Kroanoggen" lautet. Auf den sonnigen Freiflächen des Osterkopfs sind eher die Preiselbeersträucher zu Hause. Vielen gelten die kleinen roten Beeren, die roh leicht säuerlich und etwas mehlig schmecken, als Delikatesse – zum Beispiel als Kompott, der zu Wildgerichten gegessen wird. Doch der Osterkopf ist mehr als ein Tummelplatz für Beerensucher. Ein Schild weist den Berg als Naturschutzgebiet aus, und man gibt sich in Usseln Mühe, die Heide in ihrer ursprünglichen Pflanzengesellschaft mit Wildbeeren, Bärlappen, Moosen und Flechten zu erhalten. Man kann diese einmalige Landschaft auf schmalen Pfaden durchwandern und kommt vorbei an vom Wind zerzausten Krüppelkiefern und Wacholderbüschen. Oben an der Gipfelfahne bietet sich eine herrliche Aussicht über das Waldecksche Upland. Bei guten Wetterbedingungen soll man sogar den rund 150 Kilometer entfernten Brocken im Harz sehen können und den Thüringer Wald bei Eisenach. Doch ein solcher Scharfblick ist wohl eher dem Habicht vorbehalten, der auf der Suche nach Feldmäusen über den Hängen kreist.

In vorchristlicher Zeit war der Osterkopf ein heiliger Berg der Germanen. Hier wurde Ostera verehrt, die Göttin des strahlenden Morgens und der aufgehenden Sonne, Botin des Frühlings und der Fruchtbarkeit. Zu Ehren der Göttin wurde ein Feuer abgebrannt. Noch heute gibt es jedes Jahr am Osterkopf ein Osterfeuer – jetzt freilich in christlicher Tradition, bei dem „die Köpper", wie die Usselner Feuermacher heißen, mit den Nachbardörfern um das größte Feuer wetteifern.

· ·

◉ Osterkopf, 34508 Willingen-Usseln (Upland)
www.osterkopf.de
◉ ÖPNV: ab Bahnhof Usseln zu Fuß über Bahnhofstraße und Hochstraße, der Aufstieg beginnt
an der Straße Am Osterkopf

Riesenwindbeutelschwäne

74 *Im Café Knusperhäuschen in Bad Wildungen*

Bei einer Tasse Kaffee und der Spezialität des Hauses sitzt es sich gut. Vor dem bunt bemalten Knusperhäuschen werden den Gästen Riesenwindbeutelschwäne serviert – das sind kunstvoll geformte Brandteigskulpturen, üppig gefüllt mit Schlagsahne und nach Wahl ergänzt durch andere Leckereien wie Vanilleeis, Sauerkirschen oder Eierlikör. Eine dieser Sahnebomben reicht gut für zwei Personen. Damit man sie besser teilen und reinbeißen kann, werden die Schwäne auf Tellern mit Messer und Gabel gereicht.

Mit den Jahren seien die Vögel aus Teig immer mehr gewachsen, lacht Anne Schulz, die aus der Küche kommt, wo Ehemann Rolli die legendären Windbeutel backt. Wenn es die Zeit erlaubt, erzählt die Chefin gern die Geschichte des Knusperhäuschens in Reitzenhagen. Es ist etwas Besonderes: 1951 bauten ihre Eltern das kleine Café auf einem Meerrettichacker an der Hauptstraße. In dem engen Tal war es das einzige Grundstück, auf das die Sonne schien. Mit dem Erdaushub gestaltete der Vater den idyllischen Cafégarten. 1970 übernahm die Tochter das Knusperhäuschen, auf dessen Fassade das Märchen von Hänsel und Gretel gemalt ist. Als neue Hausbesitzerin wurde Anne so zur Hexe.

Märchenkenner wissen, dass ein Wasservogel Hänsel und Gretel half, den Weg aus dem Hexenwald über ein großes Wasser wieder nach Hause zu finden. Bei den Brüdern Grimm war's eine Ente, bei Ludwig Bechstein, dem Herausgeber des Deutschen Märchenbuchs, war's der Schwan: „O schöner Schwan, sei unser Kahn!" Liegt hier der geheime Ursprung der Riesenwindbeutelschwäne? Hexe Anne will sich nicht festlegen, das sei eher Zufall. Wie dem auch sei: Anne und Rolli bemühen sich nach Kräften, den Ausflüglern, die zu Fuß, per Rad oder Auto aus dem nahen Bad Wildungen kommen, den Aufenthalt im Knusperhäuschen zu versüßen. Auch drinnen in der Gaststube ist es gemütlich, über den Tischen reiten kleine Hexen auf Besen durch die Luft. Anne kann sich kein schöneres Domizil für ihr Café vorstellen: „Das Knusperhäuschen ist mein Herzblut."

··

🔴 Café-Restaurant Knusperhäuschen, Bilsteinstraße 46, 34537 Bad Wildungen-Reitzenhagen,
Tel. (0 56 21) 41 28, www.facebook.com/knusperhaeuschen
🔴 ÖPNV: Bus 4, Haltestelle Reitzenhagen-Mitte (ca. 5 Minuten Fußweg)

Glück und Glas

75 *Im Glasmuseum Immenhausen*

„Glück und Glas, wie leicht bricht das." In Immenhausen hat das Sprichwort eine besondere Bedeutung. Denn erstens ist die Geschichte des Städtchens eng mit der Herstellung des transparenten und empfindlichen Materials verbunden. Zum anderen aber ist die Zeit der verschiedenen in Immenhausen ansässigen Glashütten begrenzt – immer wieder folgt ein neuer Aufbruch. Doch aus der renommierten Süßmuth-Glashütte, der letzten, die endgültig schließen musste, wurde – welch ein Glück! – 1987 das erste und bis heutige einzige Glasmuseum in Hessen.

Bei einem Rundgang durch das Haus werden Besucher mit der wechselvollen Geschichte der Glasproduktion konfrontiert, vor allem aber sehen sie Glas in seinen schönsten Formen. Kelche, Vasen, Flaschen, Schüsseln und Schalen – Gebrauchsglas vom Jugendstil bis zur Gegenwart. Nicht nur die berühmten filigranen Süßmuth-Produkte aus den 1950er-/1960er-Jahren stehen in den Vitrinen, zu bewundern sind in der Sammlung auch Arbeiten bedeutender anderer Designer aus dem In- und Ausland, etwa aus dem italienischen Murano oder der schwedischen Glasbläserei Kosta Boda.

Doch immer wieder taucht natürlich der Name Richard Süßmuth im Museum auf, der die Glasstadt Immenhausen wie kein anderer geprägt hat. Warum? Er kommt 1945 als Vertriebener aus Schlesien nach Nordhessen und baut dort die im Krieg zerstörte Glasfabrik wieder auf. Erfolgreich sind vor allem seine zeittypischen Strahlenschliffgläser, die bald in allen Wohnzimmern stehen. Als der Geschmack sich wandelt und die Geschäfte immer schlechter laufen, übergibt der Chef sein Unternehmen an die Belegschaft, die es selbstverwaltet führt. Immenhausen gerät in die Schlagzeilen – so etwas hatte es in der Bundesrepublik noch nicht gegeben. Doch das sozialutopische Experiment konnte die Glashütte letztlich nicht retten. Zerbrochene Glasscheiben lösen beim Besucher heute ein Gefühl von Wehmut aus. Aber im Museum entsteht auch Neues, etwa wenn sich die Perlenwickler dort treffen und mit dem Gasbrenner aus Feuer und Farben bunte Kugeln zaubern. Glücklicherweise geht es immer weiter.

● Glasmuseum Immenhausen, Am Bahnhof 3, 34376 Immenhausen, Tel. (0 56 73) 20 60
www.glasmuseum-immenhausen.de
● ÖPNV: Regiotram 1, Haltestelle Immenhausen Bahnhof (ca. 3 Minuten Fußweg)

Zwischen den Mauern

76 *Rund um die Hansestadt Korbach*

Wo fängt man an, wenn es gilt, eine Stadt zu entdecken? In der Mitte? Meist tobt dort der Verkehr, so auch in der Kreisstadt Korbach. Wer Korbach von seiner schönen Seite kennenlernen will, wählt den Weg zwischen den Mauern. Die mittelalterliche Hansestadt ist nämlich umgeben von einem doppelten Mauerring mit Türmen und Toren, die Befestigung umschließt idyllische Fachwerkgassen und imposante Lagerhäuser der Hansekaufleute. Und das Schönste: Auf dem 45-minütigen Fußweg rund um die Altstadt erlebt man im Vorbeigehen an zehn Stationen spannende Storys aus der tausendjährigen Stadthistorie – wer will, per interaktiver App auf dem Smartphone, zu finden als „Schatzsuche in der Heimat der Brüder Grimm".

Der Weg zwischen den Mauern führt über einen Grüngürtel, vorbei an alten Grabsteinen, denn früher war dies der Totenhagen. Einer der beiden charakteristischen Kirchtürme Korbachs ist meist im Blickfeld: entweder der spitze Nikolai-Turm der Neustadt oder der mit einer Balkonbrüstung umgebene Turm von St. Kilian in der Altstadt, manchmal lugen auch beide über die Mauer. Nach der Vereinigung von Alt- und Neustadt im Jahr 1377 beschlossen die Korbacher, beide jeweils von einer eigenen Mauer umgebenen Stadtteile mit einer zweiten, gemeinsamen Mauer zu sichern. So entstand der doppelte Mauerring. Auf den einstigen Wällen und Gräben dazwischen kann man nun spazieren gehen.

Dabei kommt man am Tylenturm vorbei. Das mächtige Bauwerk hat schon den Dreißigjährigen Krieg überstanden und ist heute als Aussichtsturm beliebt. Ein paar Schritte weiter, im Spukhaus am Enser Tor, soll einst eine geizige alte Frau gewohnt haben, deren böser Geist nach ihrem Tod als schwarzes Schwein sein Unwesen trieb – bis der Abt des Klosters Corvey das lästige Tier in einen Schrank einmauern ließ. Gleich um die Ecke am Schießhagen findet man Korbachs Freilichttheater, wo eine Laienspielgruppe jeden Sommer Geschichten auf die Bühne bringt, die zwischen den Mauern liegen.

⏵ Startpunkt „Weg zwischen den Mauern" ist am Stadtmuseum, Kirchplatz 2, 34497 Korbach
www.korbach.de/gäste/sehenswertes/zwischen-den-mauern
⏵ ÖPNV: Stadtbus 3, Haltestelle Marktplatz (ca. 2 Minuten Fußweg)

Haariges Happy End

77 *Burghotel Trendelburg*

Ein Turm mit sieben Meter dicken Wänden, 40 Meter hoch und ganz oben ein kleines Fensterchen – das muss er sein, der Rapunzelturm. Wenn er zudem noch in Trendelburg steht, direkt an der Deutschen Märchenstraße, kann es keinen Zweifel mehr geben. Hier rief der Prinz: „Rapunzel, Rapunzel, lass dein Haar herunter", und schon fiel der Zopf, geflochten aus Haaren, fein wie gesponnenes Gold, 20 Ellen tief herunter, sodass der Königssohn daran den Turm emporklimmen konnte. Das klingt wie an den Haaren herbeigezogen, aber so ist das nun mal in Geschichten, die mit „Es war einmal" beginnen und mit der Wendung „und sie lebten noch lange glücklich und vergnügt" enden.

Das Märchen Rapunzel der Gebrüder Grimm, die im nahen Kassel wohnten, soll sich auf der Trendelburg ereignet haben, obwohl es im Marburger Land und in Lindau am Bodensee auch Rapunzeltürme gibt. Doch einen Gefängnisturm mit Hotelkomfort gibt es nur in Nordhessen. Die Burg aus dem 11. Jahrhundert, hoch über der Flussbiegung der Diemel gelegen und nur über eine Zugbrücke zu erreichen, ist einfach der ideale Schauplatz für die Geschichte über „das schönste Kind unter der Sonne", das von einer bösen Zauberin eingesperrt wird. Immer wieder sonntags können Besucher das Drama live miterleben – Theater am Turm.

Nicht nur für Rapunzel, sondern auch für viele Besucher endet die haarige Story mit einem Happy End. Denn das Burghotel ist ein beliebter Ort für Hochzeiten, sogar ein Standesamt und eine schöne kleine Burgkapelle sind vorhanden. Gefeiert wird im Restaurant und auf der Terrasse mit toller Aussicht ins Weserbergland. Brautpaare können nach der Trauung das turmrunde Rapunzelzimmer buchen, in das man, anders als der Prinz, über ganz normale Treppenstufen gelangt. Sogar einen Wellness-Turm mit Sonnenterrasse gibt es. Den Hotelbetreibern ist es gelungen, zeitgemäßen Vier-Sterne-Komfort in die mittelalterlichen Mauern zu bringen, ohne die Burgromantik „kaputt zu modernisieren". Nicht nur Brautpaare lieben so etwas.

- -

Burghotel Trendelburg, Steinweg 1, 34388 Trendelburg, Tel. (0 56 75) 90 90
www.burg-hotel-trendelburg.com
ÖPNV: Bus 180, Haltestelle Trendelburg-Diemelbrücke (ca. 15 Minuten Fußweg den Berg hoch)

Ins Land gucken

78 *Hessenturm in Niedenstein*

Ruhebank, Sonnenliege oder Waldsofa – es gibt verschiedene Namen für die hölzernen Freilandmöbel, die Wanderer als Glücksorte schätzen, weil sie hier nach der Anstrengung des Aufstiegs sehr entspannt rasten können. Auf dem Niedensteiner Kopf neben dem Hessenturm stehen zwei dieser überbreiten Exemplare nebeneinander und laden bis zu vier Personen zum Platznehmen ein. Halb sitzt, halb liegt man in der wellenförmigen Kontur, der Blick geht geradeaus und trifft auf eine grandiose Landschaft: Basaltkuppen, Wiesen, Wälder, Felder, hier und da rote Dächer, darüber blauer Himmel und weiße Wolken. Die Zeit auf so einer Bank vergeht wie im Fluge, man möchte gar nicht mehr aufstehen – besonders, wenn die Sonne ihre wärmenden Strahlen schickt.

Aber es gibt ja noch den Hessenturm, den eigentlichen Anlass, auf den 475 Meter hohen Berg zu wandern. Quadratisch steht er auf dem höchsten Punkt, und wenn man seine Treppen erklimmt, gewinnt man zusätzliche 18 Meter an Höhe und schaut noch erhabener in die Landschaft. Den Fritzlarer Dom kann man von der Plattform aus erkennen, weiter entfernt – je nach Himmelsrichtung – den Knüll, die Waldecker Berge und das Sauerland. Der Aussichtsturm wurde um 1931 gebaut, in einer Zeit, als Niedenstein Erholungs- und Ferienort werden wollte. 1970 kam noch mal ein Stockwerk obendrauf.

Der Hessenturm steht nicht einfach so in der Landschaft, sondern dort, wo Mitte des 13. Jahrhunderts die Burg Nydenstein als Verteidigungsanlage der hessischen Landgrafen gegen den Mainzer Erzbischof errichtet wurde. Von der mittelalterlichen Burg fehlt heute so gut wie jede Spur, aber dafür gibt es den Hessenturm, der besonders an Sonn- und Feiertagen von Ausflüglern belagert wird. Von Ostern bis Oktober nämlich bietet der Hessisch-Waldeckische Gebirgs- und Wanderverein ein kleines gastronomisches Angebot. Bliebe noch die Frage zu klären: Bank oder Turm? Was ist hier eigentlich der Glücksort? Ist doch klar: Die meisten Punkte sammelt die Bank.

· ·

> **Hessenturm, Wanderparkplatz Obertor, 34305 Niedenstein, Tel. (0 15 77) 6 48 58 64**
> **www.hessenturm.de**
> **ÖPNV: Bus 54, Haltestelle Niedenstein-Obertor (ca. 30 Minuten Fußweg zum Hessenturm)**

162

Kleine Welt, schöne Dinge

79 *Produzentengalerie Prisma in Kassel*

Eigentlich war es nur als Provisorium für die Vorweihnachtszeit gedacht, als sich einige junge Kunsthandwerkerinnen zusammentaten und einen leer stehenden Laden am beliebten Kasseler Bebelplatz als temporäre Ausstellungs- und Verkaufsfläche mieteten. Doch wie es häufig mit Provisorien ist, der Laden wurde eine Dauerlösung und ist als stationärer Kunsthandwerkermarkt eine Institution, die sich unter dem Namen Prisma bereits seit zwei Jahrzehnten am Standort hält.

Sieben Frauen aus unterschiedlichen Gewerken betreiben die „Produzentinnengalerie", wie sie selbst den kleinen Laden im Vorderen Westen nennen. Das Team besteht aus den Produktdesignerinnen Susanne Bornmann und Silke Hoffmann, Keramikerin Beate Kollmar, Illustratorin Barbara Hermanowski, Schmuckdesignerin Christine Zierl, Ilona Mende, die Schmuck und Kostümplastik herstellt, sowie Christiane Ringleb, die Kleidung schneidert. Das Gemeinsame: Alle kommen aus Nordhessen und haben Spaß an der gemeinsamen Präsentation ihrer Produkte. Und wer gerade im Laden Dienst hat, profitiert vom unmittelbaren Kundenkontakt.

In Regalen und Vitrinen, auf Tischen und an den Wänden finden Kundinnen eine interessante und abwechslungsreiche Palette. Dazu kommen meist noch schöne Dinge aus anderen Werkstätten, denn regelmäßig dürfen Gäste im Prisma ausstellen und bereichern so das ohnehin schon originelle Sortiment an handgefertigten Arbeiten. Was findet man beim Stöbern? Bunte Porzellantassen, filigrane Ministempel, ausgefallene Ringe und exklusive Ketten, Schneidebrettchen für die berühmte Ahle Wurscht, Pfeffer- und Salzstreuer aus edlen Hölzern, modische Taschen und Kleidungsstücke aus natürlichen Rohstoffen, dekorative Kunst für Wand und Tisch. „Handwerk – Kunst – Design" sind die drei Schlagwörter, die das Prisma-Programm umreißen. Auf übersichtlichem Raum findet man hier Dinge, die es sonst nur an Einzelständen von gelegentlich stattfindenden Kunsthandwerkermärkten zu entdecken gilt. Nordhessens Kunst im Kleinformat.

Produzentengalerie Prisma, Dörnbergstraße 1, 34119 Kassel, Tel. (05 61) 7 00 49 88
www.prisma-kassel.de
ÖPNV: Straßenbahn 4, 8, Haltestelle Bebelplatz

Gar nicht sauer!

 Böddiger Berg: Hessens nördlichster Weinberg

Wein von der Tankstelle ist nichts Besonderes – nach Ladenschluss werden Freunde des Rebsafts im Notfall hier fündig. In Felsberg aber bekommt man in einer Ecke des Tankshops – und nur hier! – ein ganz exklusives Tröpfchen: Flaschen mit dem Ettikett „Böddiger Berg" werden an Kenner verkauft, solange der Vorrat reicht. Der trockene Qualitätswein kommt aus dem nördlichsten Weinberg Hessens. Das winzige Anbaugebiet im Ortsteil Böddiger ist ein Geheimtipp, denn nach der Weinlese im Herbst kommen – je nach Ertrag – manchmal nur einige Hundert Flaschen in den Handel. Wer die eine oder andere davon erhascht, darf sich als Glückspilz fühlen.

Doch natürlich ist der Weinberg selbst mit seinen gepflegten Rebstöcken der primäre Glücksort. Auf dem nach Südwesten ausgerichteten Hang, der einen schönen Blick über das Edertal und auf die Felsburg bietet, wachsen auf nur etwas mehr als einem Hektar Trauben der Sorten Riesling und Ehrenfelser, kräftig und mit einem gewissen Säuregehalt. Spötter sprechen von einem Dreimännerwein: Gemeint ist, dass derjenige, der diesen Wein trinken soll, von einem Zweiten festgehalten werden muss, während ein Dritter ihm den Wein einflößt. Aber so ist es gar nicht: Genießer loben die durchaus gute Qualität. Trotz seiner Lage in der eher rauen Klimazone gehört der Böddiger Berg zum Anbaugebiet Rheingau.

TIPP *Zur Weinlese im September/Oktober werden freiwillige Helfer mit einer Flasche Wein belohnt.*

Und wie kam der Wein nach Nordhessen? In den 1950er-Jahren startete ein Felsberger Bauunternehmer mit dem Anlegen der Weinterrassen. Freunde des anfangs knochentrockenen Rebsafts konnten diesen in der Gaststätte „Zum fröhlichen Weinberg" konsumieren, doch das Geschäft lief eher schlecht als recht, und der Wirt gab auf. Schließlich gelangte der Weinberg ausgerechnet in den Besitz der „Drogenhilfe Nordhessen", die vor Ort eine Therapieeinrichtung betreibt. Aber auch diese Lösung war aufgrund des naheliegenden Zielkonflikts nicht von Dauer. Heute kümmert sich ein Förderverein um ökologischen Anbau, die Weinlese, das Keltern und die Vermarktung der Kultmarke. Mit viel Erfolg und viel Geschmack!

Böddiger Berg, Brunslarer Straße (L3426), 34587 Felsberg, Verkaufsstelle: Esso-Tankstelle, Steinweg 6, 34587 Felsberg, Tel. (0 56 62) 50 01 15, www.boeddiger-berg.de
ÖPNV: Bus 442, bis Felsberg-Böddiger (ca. 20 Minuten Fußweg)